干得漂亮，更要说得漂亮

让演讲成为你的商业力量

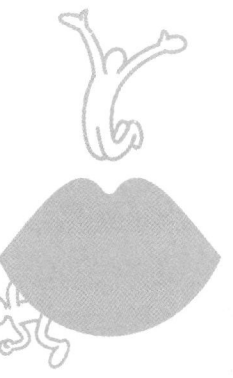

王小宁 著

中信出版集团 | 北京

图书在版编目（CIP）数据

干得漂亮，更要说得漂亮：让演讲成为你的商业力量 / 王小宁著 . -- 北京：中信出版社，2023.7
ISBN 978-7-5217-5798-9

Ⅰ.①干… Ⅱ.①王… Ⅲ.①商务－演讲－语言艺术 Ⅳ.①F7②H019

中国国家版本馆 CIP 数据核字（2023）第 107656 号

干得漂亮，更要说得漂亮——让演讲成为你的商业力量
著者：　王小宁
出版发行：中信出版集团股份有限公司
（北京市朝阳区东三环北路 27 号嘉铭中心　邮编　100020）
承印者：　天津丰富彩艺印刷有限公司

开本：880mm×1230mm 1/32　印张：8.5　　字数：126 千字
版次：2023 年 7 月第 1 版　　印次：2023 年 7 月第 1 次印刷
书号：ISBN 978-7-5217-5798-9
定价：59.00 元

版权所有·侵权必究
如有印刷、装订问题，本公司负责调换。
服务热线：400-600-8099
投稿邮箱：author@citicpub.com

目 录

001 序 言

第一章 | 为什么需要商业演讲
007 什么是商业演讲
010 商业演讲的三大标准

第二章 | 如何有效准备一场演讲
033 定好目标：演讲要精彩也要结果
040 分析需求：你比观众更了解他
049 制定框架：表达圈粉需要结构
075 金句点睛：送给观众一个特别的记忆点
082 标题包装：首先做到吸引眼球
088 讲前演练：成功需要预演

第三章　当众演讲，练就圈粉体质

095　克服紧张：转移自己的注意力

102　打开气场：找到熟悉感和掌控感

108　巧妙互动：营造氛围轻松的现场

116　临场反应：面对问题的拆解能力

122　舞台基本功：为表达额外加分

135　即兴演讲：手握方法毫不怯场

第四章　职场篇：赢在职场表达

145　述职竞聘：有策略也要有方法

152　开会发言：先站稳内部的小舞台

161　解决冲突：用技巧和高情商化解矛盾

第五章　创业篇：会赚钱，更会表达

169　项目推介：有效地传递价值

174　融资路演：打动投资人的关键

182　发布宣讲：找到三个故事

189　应对采访：15分钟访谈模板

第六章　公众篇：演讲让你被世界看到

199　经验分享：用营销思维去表达
209　TED 演讲的启示：让表达有影响力
215　大赛发言：做到跟别人不一样

第七章　短视频 IP 表现力

223　明确策略：找到短视频 IP 的"人货场"
228　氛围感：制造一种可以围观的感觉
233　精炼语言：短视频比平时说话短
236　表情语气：情绪能让流量起飞
240　展现实力：不要落入知识的陷阱
246　故事讲述：打开影响力的金钥匙
252　直播语言：保持观众热度的表达续航

261　后　记

序　言

回顾我的经历：我从一个中央人民广播电台主持人，到跳出舒适区成为一名创业者，创办"商业演讲"课程并讲遍9个城市、30多家上市公司；在被《福布斯》英文版报道后，我走进长江商学院、中欧国际工商学院等各大知名商学院；自己又因为抖音收获了100万粉丝；2022年我从"漂"了17年的北京转战杭州，教创始人打造个人IP[①]，做流量变现。

这几年我个人身上发生的连续转变恰巧见证了一个表达红利的时代。

很多有实力的人开始尝试演讲、电视路演、论坛发言、社

[①] 网络流行语，直译为"知识产权"，在互联网界可以理解为所有成名文创（文学、影视、动漫、游戏等）作品的统称。——编者注

群分享、短视频口播、直播连麦，因被更多人看见而改变了人生路径。

在这整个过程中，我也听到过太多这样的遗憾，"辛辛苦苦干一年，不如上台发个言""那个有名的人，其实专业实力不如我"。

于是，我就开始思考：是什么原因导致了专业能力出色的人被埋没？为什么用语言展示自我的实力和魅力那么难？乔布斯、雷军、董明珠、罗永浩、樊登、刘润他们究竟做对了什么？TED演讲的高级感从何而来？中国的创业者如何为自己代言？

没有实践和调查研究，就没有发言权。带着这些问题，我一头扎进了商业演讲的培训与咨询工作：从2015年开始，我几乎每年看超过100个需要路演的项目，帮助一些公司顺利拿到融资使其继续发展；从2017年开始，我会帮助一些行业专家打磨课程，这些专家因推出爆款课程而知名；2018年，我走遍了北京、上海、广州、深圳、杭州、武汉、长沙、成都、香港，开设小班课程，教创业者如何演讲；2019年，我开始去企业分享"商业演讲力"，走进阿里巴巴、华为、字节跳动、爱奇艺、滴滴出行、长城汽车、美国IDG（国际数据集团）、法国液空、英国保诚、瑞典沃尔沃等世界知名企业讲授内训课程；2020年上半年，我受邀去长江商学院、中欧国际工商学院、上海交通大学安泰经济与管理学院分享演讲技巧，成为一些企业家的私人舆论顾问；我还参加了杭州市政府主办的人力资源服务和产品创新路演、总裁读书会、家族传承论坛等活动，以及创业邦、混沌学园、HRoot等机构的路演教练工作；2020年下半年，一条主题为"演讲的气场"的短视频达到2000万播放量，让我的抖音号"演讲黑客"突然爆火，一些大V博主和创业者要求我开班教授短视频口播；再后来，我带着辅导项目的经验，在来到杭州的一年多里，影响了超过5000个创业者，让他们了解到如何面对镜头打开表现力，并帮助超过500个创业者设计流量变现模式、塑造个人IP。

这些大量的一线实践让我慢慢拨开迷雾看见了问题的本质：演讲的目的是展示自我实力与魅力，从而吸引观众，与观众建立信任关系。然而，在大多数人的认知中，演讲是一种表演，这影响了真实感，让演讲目标无法达成。而最迫切需要提高演讲能力的职场人士、商业人士，在平时"解决问题"的时候都是发挥出色的，一旦切换到"上台演讲"的状态，他们就会出现台上与台下的感受不协调。演讲者与观众，一方努力自我感动，一方感觉寡淡无味。

带着这些问题，我的任务也变得简单而清晰：（1）调整演讲者的认知与思维，让他释放本来就具备的表达感染力；（2）把我个人的舞台镜头经验凝练成简单易上手的"一招"，让演讲者在遇到问题时有解决技巧；（3）让演讲者变得自信，通过表达学会自洽。

  这本书从出版社约稿，到我构思书稿框架，再到几番调整，前后花了将近3年时间，最后确定用7个章节呈现：第一至三章系统阐述了商业演讲的定义与标准、如何有效准备一场演讲以及当众演讲的控场与互动技巧；第四至六章告诉你在职场、创业、公众3种特定场景如何有效表达；第七章则重点展示了短视频IP表现力，挖掘你的线上演讲能力。通过以上内容，我想给我曾经线上线下接触过的朋友、我的粉丝朋友或者还未曾谋面的朋友一个认真的交付。

  每个人的路无法复制，我独特的发展路径造就了这本书。"让演讲成为商业力量"，这是我对每一位读者的衷心祝福。希望你能勇敢发声，站上时代的舞台，不留遗憾。

2023年5月2日
杭州

第一章

为什么需要商业演讲

什么是商业演讲

在开启本书之前,有一个问题我想先回答明白:"商业演讲"到底是什么?

演讲,这个词倒是由来已久。无论是古希腊时期体现雅典民主政治的演说与辩论,中国古代鬼谷子的高徒苏秦和张仪的游说六国、合纵连横,公孙龙"白马非马"的诡辩,还是民国时期进步人士和学生的街头抗日演讲,新中国成立时开国大典上伟大领袖的震撼发言,这些都是演讲。

后来,随着经济进入快速发展时期,不到百年,我们对于当众演讲的能力需求变得更加突出。比如,销售谈判、述职竞聘、公司开会、产品发布、项目推介、融资路演、经验分享……以上在经济活动场景中的当众表达都算是商业演讲。

你会发现，商业演讲诞生的最根本原因是社会的经济发展。在经济发展的同时，信息的传播方式得到优化，传播效率在不断提升：从最早的报纸，到后来的杂志、广播、电视等多种媒体的传播；传统互联网兴起，网站、论坛的用户数飙升；不同人群的兴趣和领域区分日益明显，传媒"分众化"显现；移动互联网兴起，直播、短视频的兴盛……传播技术的变革，让商业演讲有了更多的载体。

在商业信息传播的变革中，总有一群人登上了流量舞台，抓住了表达红利。在大众消费中，明星代言广告、网络博主带货已经深入我们的生活；在职场竞争中，那些更会表达自己、高情商沟通的人，更容易获得领导与同事的支持、资源的倾斜和机会的青睐；在商业世界中，一批又一批创业者通过公众表达吸引大众注意力，使其公司和产品收获了更多曝光与信任……

举个例子，乔布斯的"出圈"就缘于他的商业演讲。乔布斯早年鼓动伙伴一起在车库创业；在品牌推广阶段，每一年的苹果发布会都成了现象级事件；乔布斯在各个场合的采访和演讲发言被到处传播，圈粉无数……后来的事你也看到了，不只是乔布斯，全世界的创业者都开始重视发布会、媒体采访、自媒体表达，比如我们熟悉的刘润、樊登都是极其优秀的商业演讲者。

我们大多数人过去的想法是花一些资金或拿出一部分预算，把产品和项目推销出去；但是在当下，营销更多的是基于对人的信任，运用表达制造影响力。

不仅仅是大企业家，我们身边也有擅长表达的超级个体。我见过在华尔街工作过的海归创业者孙思远，通过对自己创业项目的阐述，先后获得投资人徐小平和字节跳动的投资；我见过我的好朋友李观留学归来，通过自己的努力，赶上时代风口，加入滴滴出行，先后成为滴滴和ofo共享单车的用户增长负责人，而后其通过学习演讲和提升自身能力，在15分钟的竞聘演讲中打动京东高层并成功加入京东，成为京东数科的增长负责人……

在我看来，无论是在创业圈，还是在职场，又或者是在其他场合，"商业演讲"就是指：在传递商业信息的活动中，获取受众信任的语言表达。我希望你能通过这本书学会展现自己的实力和魅力，获得一种新媒体传播时代下的商业效率。我一直相信，"把自己推销出去"是我们一生需要去攻克的重要课题。

商业演讲的三大标准

我经常用一句话形容商业演讲：用 1 分钟影响 100 个客户。

我和大家一起打造过多少个演讲的高光时刻，就见证过多少个演讲窘境和表达难题。在上千次的演讲辅导和一对一咨询中，我发现一个问题：大家之所以讲不好，最核心的原因是演讲者对演讲的认识有偏差。

许多人觉得，演讲就是一场表演——演讲者把稿件背熟，把肢体动作和表情细节练到位，然后登台去赢得观众的掌声。你可能一开始也会这么认为。但我想告诉你，这是表演，而表演并不等于演讲，尤其不等于商业演讲。

那么到底什么才是好的演讲呢？

从商业角度出发，每一次演讲的核心任务是，基于你的商业目标，对受众产生有效的影响。是否完成了这个核心任务，决定了这是不是一次好的商业演讲。

无论你面对的是一个人还是一千个、一万个人，我们的目标都是通过自己的表达让台下的观众记住你，记住你的产品和服务，记住你的公司和品牌，并且对你产生好感，进一步让他们为你点赞、投票、付费。为表演付费的人是来看演员的，为你的产品和服务付费的人才是来看你的。

在表达和影响别人的决策和行动之间，我们依靠的是一套科学系统的商业演讲方法，这也是我在这本书里想全部教给你的。要想判断你是不是真的做到了影响别人，我认为有三个标准。

（1）表现力，决定着语言的效果。

（2）内容力，决定着商业的效率。

（3）故事力，决定着观众的信任度。

接下来，我将会用三个小节的内容，跟你聊聊这三个标准。

表现力：用交流感提升语言效果

新手在模仿演讲，高手往往制造交流。在演讲这件事上，有人可以远超普通人成为高手。他们到底做对了什么？演讲高手有一种能力，他可以把舞台还原成一个交流的场景。我们在日常交流中不会刻意地关注每一个字句和每一种语气，而会自然地进行表达。你如何在舞台上模仿跟一个人说话的语气？其实很简单，稍稍转换一下你说话的状态就可以。

当你将自己投入一种为观众解决问题的状态时，你会忘记自己在演讲时的紧张。如果你觉得演讲高手是讲起话来滔滔不绝、气势如虹的人，你就错了。在商业世界里，内敛沉稳、冷静克制的高手大有人在。

我曾经认识一位文章写得酣畅淋漓，但是上台演讲就磕磕绊绊的人。他叫张世相，一家著名互联网公司的CEO（首席执行官），他称得上是初代文艺青年。当时，他因为要在一个大型会议中上台演讲，所以找我帮忙打磨演讲稿。我们见面之前的线上沟通非常流畅，他一直侃侃而谈。但是，当我们正式见面的时候，穿着黑色帽衫、在我面前寡言少语的他一下子让我认不出来了。

张世相有准备好的几篇稿子，我让他尝试着先讲一遍。当他开始尝试用表演的状态去演讲的时候，我就知道情况不太好。张世相一直以为演讲是"表演式"的，他在一边表演一边回忆稿件内容的时候不断地卡壳，很像一个笨拙的新员工在做述职汇报。说实话，当时我很惊讶：一位如此成功的内容大神，一位拥有进入C轮融资公司的老板，也会有这样不知所措的一面。

为了打破这个局面，我开始找话题跟他聊天，让他从表演的状态里抽离出来，进入日常交流的状态。我真诚地问了他一个问题："为什么这次演讲的主题是'给商业造一扇内容之门'，你是想表达什么呢？"

这句话好像是一个神奇的开关，啪嗒一下，张世相的状态瞬间有了转变。他的语速明显变慢，语气也变稳了，眼睛里面开始有光了。他开始娓娓道来，不时地从我的眼神里获得反馈和认同。就在那时，他好像瞬间把现场的人都"控制"住了。

当张世相的表达思路开始转变为"解决观众的问题"时，他就自动进入了自己的舒适状态。有这样的转变是因为当我们在进行一对多表达的时候，人们的关注点在我们的表现上，我们会感觉这儿也不对劲儿，那儿也不对劲儿；如果我们可以把关注点放在观众身上，为观众解决问题，此时的表达就是最自然的，并且信息传递的效率最高。

后来，我陪着张世相去了大会演讲的现场。大会上，很多演讲者接连出场，其他演讲者的发言只在开头和结尾收获了掌声，而张世相每讲一个段落就会有人鼓掌，掌声贯穿了他的整个演讲过程。我坐在台下，听着会场里的掌声，心中的骄傲不比台上的张世相要少。

解决问题的痕迹多一些，商业演讲"表演"的痕迹就少一些。商业演讲的表现力不以风格和气势定夺高下，而是主要看你能否通过表达，真诚地解决观众的问题，让观众看到那个真实的你。如果你能做到，掌声自然就属于你。通过这种解决问题的思路，找到交流的感觉，你可以轻松应对各种各样的场景，在一对一和一对多的表达中无缝切换，十倍甚至百倍地提升你的商业影响力和演讲的传播效果。

　　交流的状态的确让演讲者更舒适，也更自然，但也许你的内心还存有疑惑：对观众而言，交流真的会有效吗？我举一个例子，一般销售新手都是背诵话术，他们对每个客户都照本宣科，这自然是一种比较笨拙的表演，而且效果很差，你遇到这种销售新手一定会毫无兴趣地结束对话。而销售高手是将销售过程看作日常的交流，他们会随时在交流中根据不同客户的信息制定对话策略，永远让客户先说，不断挖掘客户的需求，不断在交流中拿到订单。

　　演讲的逻辑与之非常类似。你甚至会发现，越是背稿，你演讲的效果越差。原因就在于当你记下稿子时，你就会无意识地陷入表演的状态，一门心思把它演完，至于这些到底是不是台下观众想听的，到底能不能影响他们，到底能不能实现你演讲的目标，已经统统被你忽略了。但是，如果你在登台后能进入良好的交流状态，那么你还会担心自己紧张到忘词吗？你还会担心观众不听你的内容，自顾自地玩手机甚至睡着吗？你还会担心观众给你出难题让你无法下台吗？你还会担心观众记不住你和你的产品吗？

在这个小节中，我想跟你讲三个打造交流感的关键因素：口语化、故事化、互动感。这些都是把演讲这件事从"表演"调整为"交流"的技巧。

（1）用口语化的演讲，使观众沉浸式体验你的表达。

什么是口语化？口语化就是你在演讲中用到的所有词语和句子都是你平时聊天中会使用的，这是第一个关键因素。你平时怎么说，上台就怎么讲，而不是用书面语去重构你的演讲内容。

很多找我咨询的客户会抗拒口语化演讲，他们认为，口语化好像不够正式，不够权威。其实这是一大认知误区，他们对于演讲的认知从小就被错误地固化为书面语式的表达，以为那样才有正式感。但你要知道，演讲的核心目的是去影响他人。当你谈客户、谈合作的时候，文字交流和当面讲话是完全不一样的，演讲时背出来的书面语在现场的效果会大打折扣。

本来观众能顺利听懂，但你突然加一个书面语，就会打破观众沉浸式的聆听体验。每出现一个书面语，观众就被打断一次，原本非常直接、易懂的演讲被提高了理解和传播门槛，这会使演讲效果直线下降。

除了对观众的体验有影响，更重要的是，当你习惯了口语化演讲时，这意味着你更容易进入交流的状态。如果你是在交流的状态下，你可以确定观众想要什么；如果你是在表演的话，你可能永远也不知道观众想要什么，那个时候你想的是赶紧把稿子讲完，而没有办法随时调整自己。

（2）少讲道理，多说事儿。

故事化是第二个关键的因素。当我帮助很多创始人做IP的时候，我发现越专业的人越喜欢讲道理。有句话是"我听过很多道理，但仍然过不好这一生"。大多数时候，观众是不爱听大段道理的，他们也记不住。但如果我们把道理嵌入故事再去讲述，效果会完全不一样。在道理中融入场景和情绪，这很重要。讲道理是说服人，而讲故事是引导人。如果你的演讲中一个好故事都没有，那么观众一定什么都记不住。关于如何讲出一个好故事，我会在本书的第二章跟你详细交流。

（3）让观众一起参与演讲，用互动制造连接和共鸣。

最后一个关键因素是互动感。互动感其实就是让观众参与到演讲中来。观众听一场演讲，少则需要付出几个小时的时间，多则一天甚至几天。在忙碌的工作和生活之外，愿意花费宝贵的时间和精力来听演讲的人们一定有自己的理由和动机。他们可能是因为喜欢演讲者，或者是信任演讲者，又或者是想要跟演讲者进行更多的合作。

如果一个演讲者过于关注自己，将所有的注意力放到自己一个人身上，而观众的互动需求得不到满足，那么他的演讲效果一定不好。一场好的演讲是由演讲者和观众一起完成的。如果没有互动，就相当于观众没有参与，演讲者也就无法制造价值连接和情感共鸣。

比如，我自己有一个很常用的开场互动方式："你说出一道小吃，让我来猜猜你的家乡。"这个互动可以瞬间让现场的气氛热起来，来现场听我讲课的学员都会积极参与。这种开放式的问题很管用，你也可以给自己设计一个。

虽然演讲的互动机会有限，但是当你和现场的几个人互动的时候，那种氛围会感染周围的观众。而且，观众的参与往往会给你的演讲增色不少，所以不断制造和观众轻松愉悦的互动，就是演讲出彩的明确信号。

关于如何在现场巧妙地与观众互动，我会在本书的第三章与你继续探讨。

内容力：用流程化提升语言的效率

恭喜你，掌握了表现力，你已经可以将演讲效果提升到80分。接下来，我将再给你一个演讲高手锦囊——内容力。如果说表现力可以让你达到80分，那么内容力可以让你长期稳定在80分的水平，而不受状态、环境、主题的影响。与天赋型选手不同，稳定的演讲效果才是大多数人追求的终极目标。

我认识一个女孩，她的经历真的配得上"神奇"二字。当我看到一个有着小麦色皮肤、头顶两个丸子状发髻的女孩时，我完全没有把她和多年前我的那位中学英语老师联系在一块儿。

她叫小猜，曾经有一次她参加马拉松比赛，穿着比较大胆，妆容特别出挑。在她的照片被传上网络后，她遭遇了网暴。网友的评论铺天盖地："怎么一位老师穿着比基尼、顶着大浓妆就来了？有损形象！"

经此一事，小猜发觉社会上有很多对于女性的敌意和恶意，她也认识了很多声援她的女性网友。后来，她开始研究情绪疗愈、心理学等领域。再后来，她的人生剧本越来越精彩——她出国、闪婚，卖了学区房，成了一名环球旅游恋爱博主，拥有了很多女性粉丝。

和她的个性一样，小猜的演讲状态一直都是很随性的，她穿着短裤和大皮靴就敢往台上站。她的演讲内容也很随性，有时候没有开头，有时候没有结尾。但是，她的优点在于特别会讲故事。她经常和大家一起聊到潸然泪下，并且很会调动大家的情绪，所以在她的姐妹圈和粉丝圈中，观众都特别买账。

后来，她来找我的契机是因为她讲得越来越好了。那个时候"知识付费"开始兴起，小猜演讲的舞台越来越大。她演讲的场地从小沙龙慢慢地换到了大舞台；她的观众也不一样了，从姐妹粉丝变成了创业者。场地和观众的变化让一向自我随性的小猜开始焦虑，这种焦虑让小猜的演讲状态很不稳定。有的时候她状态好，讲起来会让全场观众落泪。她讲的故事精彩到完全停不下来，她一个人就占据了一半的下午时间，这严重影响了主办方的活动进度。但有的时候，如果有很多其他领域的人进场听她演讲，她就会放不开，搞砸当天的演讲，晚上回到酒店就开始越来越焦虑。

听完她的困惑，我亲自去现场感受了一下她的演讲。我发现她最大的问题是没有内容顺序和时间安排。因为这种随性，只要她在现场被主办方提醒注意时间，她就会瞬间紧张起来，从 100 分的状态跌落到 30 分的状态。

后来，我就跟小猜聊天："你的演讲是凭感觉的，没有计划、没有框架会让你对自己缺少把控。我们可以一起来规划一些框架，让你能够把控自己，从而消除这种焦虑。"

小猜的优势是故事讲得特别好，于是我们俩就定了一个 5 分钟的闹钟，让她必须在 5 分钟之内讲好一个小故事并且形成一个观点。通过多次这样有框架、有流程的内容训练，她的时间观念强了很多。我还叮嘱她，在任何一次演讲中，不管时间长短，只能讲 3 个故事。如果不控制好故事的数量，演讲就会像姐妹之间的下午茶话会，变得没完没了。

就在"5 分钟"和"3 个故事"的约定之下，基于框架和流程加持，小猜充分发挥了她通过讲故事制造共鸣的优势。在相当长的一段时间里，她每一次的发挥都很稳定，她彻底找到了演讲的自信。后来，她进阶成了一位演讲高手，被很多女性创业者羡慕；她还来当了我的助教，去辅导更多女性创业者；在我的鼓励下，她还登上了 TEDx[①] 的舞台，大放异彩。

即使是在演讲方面有天赋和优势的人，也需要流程和框架的加持，要不然全凭临场发挥，很可能会栽跟头。最典型也最知名的一个案例就是麦肯锡 30 秒电梯法则：在电梯下行到一层短短 30 秒的时间里，你如何交付出一套完整有效的方案？从这个案例切入，我们可以发现商业演讲的共性特点：目标明确、时间稀缺，更重要的是机会只有一次。我们当然需要内容力来实现稳定且精准的发挥。

那么怎样打造内容力才能使演讲发挥出最佳效果？你可能已经开始在心里打草稿了，我需要有吸引人的观点、内容、表达，需要设置演讲的记忆点，我的案例要够炸场……这样想下去，你可能会越想越乱，越想越复杂。

首先，根据我多年的经验，我总结出了 3 个问题，你只需要在准备演讲之前问自己这 3 个问题，那你的演讲效果一定不会差。

问题 1：这次演讲我到底想要什么？

问题 2：要多少？

[①] 是由 TED 于 2009 年推出的一个项目，旨在鼓励各地的 TED 粉丝自发组织 TED 风格的活动。——编者注

问题3：分几步才能要到？

这样就可以制定出一个关于"要"的流程。比如最常见的经销商大会，品牌方想要促进更多的现场成交，保证预计到场的人里有多少人都有进货量，其就要知道如何设立目标、如何设计整个流程……

然后，品牌方要再问自己几个更重要的问题：客户想要什么产品？哪种交易形式更容易被客户接受？如何保障客户的后续利益？用利他思维，品牌方把"自己想要"的流程转变为"给予他人"的流程。

利他思维的圈粉威力是巨大的。在演讲中，多说"你"是姿态利他，多说"我们"是价值共同体，多讲"案例"是理解利他，多讲"情怀"是巩固关系。

关于商业演讲，很多朋友总有这样的困惑：人们为什么要听我讲？人们为什么会认同我的行为和做法？人们为什么会听从我的号召？当你从对方的角度开始寻找这些问题的答案时，你就通过利他思维完成了演讲姿态的重要转变。小到述职汇报、求职面试，大到峰会演讲、融资路演、产品发布，几乎一切职场和商业场景都需要你有效打造语言表达的流程，这样才能保证最后的结果符合预期。

很多人在反复吃亏之后，才隐隐意识到这些问题，但没有专门的教练帮他们解决问题，所以试错成本很高；或者，只有创业公司和企业有足够的资金聘请商业演讲教练为员工提供解决方案,这是普通人难以企及的。

我们前面提到的麦肯锡30秒电梯法则就是商业演讲的基本模板。学会用极具吸引力的方式,简明扼要地阐述自己的观点。

经过对30多位上市公司高管、上千位创业者的咨询辅导实战,我从中总结出一套简洁有效的商业演讲基础框架,该框架具体包括吸引、价值、共情和成交4个步骤,帮助你精炼语言、优化演讲设计。现在,你不用经历反复的试错,也不用付出高昂的培训费用就可以习得这些方法。

所谓吸引,是指你如何第一时间抓住目标对象的注意力。很多时候你无法在10秒内讲完全部内容,但你永远有机会用10秒吸引到对方,让他再给你10分钟、20分钟。最简单的办法就是说:"你知道……吗?"利用好奇心,抓住观众的注意力,让其乖乖听讲。

所谓价值,是指你如何表达差异性,让别人选择你。因为,和别人一样的东西观众根本记不住。我们可以从日常表达中切入,运用话术"90%的客户都是……","我们是专门做……","我们和同行最大的不同是……",争取一开口就突出重点和亮点。

所谓共情,是指从信息层面进入情绪层面,引导观众用感性脑做出对你有利的决策。本书会告诉你如何用感性打动人，用故事影响人，学会为一个群体发声，学会打造自己的"英雄之旅"，让你也能从自己的经历中整合出好故事，做到一开口就打动人心。

所谓成交，是商业演讲的最终目标，它不仅包括拿下订单，也包含一切你想让目标用户发生的行为。成交的核心逻辑是用产品价值重构你和客户的关系。我会通过一套"成交攻略"，综合运用表达和内容技巧，帮你一开口就达成目标。

在这本书中，我还会告诉你怎样从背稿表演转变为现场交流，怎样提升你的交流效率，以及在交流的过程当中遇到问题怎么去解决。例如：怎样克服紧张？你突然忘词怎么办？演讲中遇到突发情况，比如麦克突然没声音怎么办？有小朋友突然冲到台上怎么办？

演讲技巧千千万，在这本书里我想带你一起解决三个最朴素也是最重要的问题：演讲者怎样进行交流？交流什么内容才对？怎样让观众一起来交流？当你有了这三个问题的答案时，你就已经成为演讲高手了。

故事力：建立信任的最佳工具

故事就像一个礼盒，它提供方便让我们把商业价值放在其中。

时间回到2020年1月1日，很多人一早起来就在朋友圈立下新年宏愿，我也感觉这一天不做点儿什么有仪式感的事都不行。于是，我翻身起来，冲了一杯速溶咖啡，打开了电脑。突然，我脑子里蹦出一个想法：我创业两年了，演讲足迹遍布9个城市，演讲课程也被《福布斯》报道了，也去长江商学院、中欧国际工商学院讲过课了，是时候给这段经历立上一个阶段性的里程碑了——不如自己试着定义一个细分赛道。

于是，我打开了微信公众号后台，想了30分钟，猛喝一口咖啡，只憋出了一句话："商业演讲，是以传递商业价值为目标的说话活动。"然后，我特别有仪式感地在备忘录里记下了一件待办事项：把"王小宁""王小宁商业演讲力"注册成商标。

就像2015年的夏天，在中关村创业大街上的咖啡馆，每桌人都在谈论估值过亿的、热血难凉的创业项目。胆大的我被一些同样胆大的创业者通过知识付费App（应用程序）联系到，在咖啡馆里，我教他们讲故事、拿融资。

都说资本是冷酷无情的，但市场总会被情绪左右，于是故事就成了中间的催化剂，成了创业者和投资人的桥梁，牵出无数精彩的创富传说。

（1）故事本身就是一种效率。

如果回望2015年，我们会发现那是一个资本风起云涌、创业英雄并起的时代，还记得当时有一句口号叫作"大众创业，万众创新"。

当时的我还是一个朝九晚五的上班族，我虽然在国家广播电视总局大院度过了漫长的时光，但每天坐地铁上下班时也从周围的环境中感受到了变化。地铁里时常更新着各式各样的广告海报，它们出现在吊环拉手上、通道里、橱窗上……一波又一波的创业公司不断涌现，也有一波又一波的创业公司在迅速衰败。就在周遭变化如此之快的环境中，我心中的不安在悄悄萌芽。

我虽说还像之前一样波澜不惊，每天在直播间里跟听众朋友问好，但我心中的那一点点不安分让我有了另外一个身份。就像我前面说到的，我在在行 App 上偶尔接一接订单，用自己的能力帮助有需要的人学习演讲。

我的中央人民广播电台主持人和演讲咨询辅导人的双重身份就像两条平行线，有条不紊地向前行进，就像我每天坐的北京地铁，按时进站、出站，不差一分一毫。直到有一天，我接到了一个在当时的我看来非常重磅的订单：有人找我帮忙做融资路演。一位曾经在奇虎 360 工作的 90 后小姑娘静静，向我发出演讲辅导请求。她管理着一家马上要 A 轮融资的公司，希望能拿到几千万元的融资，她问我能不能帮忙辅导她的演讲。

万万没有想到，就是因为这位姑娘，我的人生轨迹即将发生重大变化。

我坐地铁来到了静静的公司，走过短短几站地铁的距离，像是来到了一个新的世界。创业公司的快节奏通过角落里的自动贩卖机就可以初见端倪。静静的公司连个像样的前台都没有，桌子上堆满了零食、公仔，这个场面对坐惯了办公室的我来说特别新鲜。在这里，有90后的首席运营官、有80后的市场运营专员、有70后的技术开发员……从国家广播电视总局出来的我，第一次亲眼见到这种"创业现场"。好像就在那个下午，我穿越了。我的那个世界是一个陈旧的世界，而眼前的这个世界是崭新的。

我以为一进门可以看到一位穿着职业装的女强人，但是我没想到，那个开口跟我打招呼的静静穿着卡通T恤，脸上还带着一些婴儿肥。我一度认为她是某个员工的孩子，来公司打发时间。静静完全没有我想象中CEO的那种范儿。也正因为这种反差，那个邻家女孩的形象到现在我还记得特别清楚。

静静正在做的是SaaS①的业务，现在大家对这项业务一定不觉得陌生，但这对当时的我来说闻所未闻。当时，我心想，当静静做融资演讲时，她需要有非常严谨的财务测算、非常理性的商业逻辑，以及一个极其详尽的PPT（演示文稿）……毫

---

① Software-as-a-Service，意思为软件即服务，即通过网络提供软件服务。——编者注

不夸张地说，当时的我其实有点儿心虚，因为我对她的业务并不了解，生怕露了怯。我有点儿不安地等待静静继续接下来的话题。

静静说公司里有一些企业客户，所以业务发展得很快。但之前她两次跟投资机构谈A轮融资时，路演都不太顺利。财务顾问和投资机构的人私下和她说："你们的项目没问题，但是你演讲的逻辑不通，没有突出重点和亮点。单纯地汇总信息在参加路演的时候很吃亏，你应该再捋捋内容。"

思来想去，静静跟我说："要不你教我怎样讲故事吧。"

她说完这句之后，我整个人放松下来。虽然当时融资、商业逻辑我不在行，但是对于静静认为很难的"讲故事"这件事，我非常有把握。那天我们整整聊了一个下午，后来静静经过两次辅导，我们一起打磨出来了3个故事：市场机遇期的故事、产品雏形的故事、团队合理搭建的故事。

（2）成功可以被复制，只要你有讲好故事的能力。

辅导完静静后，我还是回到了一个主持人的生活轨道，在每天早高峰时段，准点推起音乐，跟听众朋友打招呼说："各位好，这里是中央人民广播电台都市之声FM101.8《都市非常道》节目，我是主持人王小宁，在复兴门外大街二号的直播间向您问好。"

而生活中，总有人来为你打开一扇窗。突然有一天，我收到了一条短信，是静静发来的，她说："小宁老师，我要告诉你一个好消息！我们顺利拿到了2 000多万元的A轮融资，多亏了我们这次认真打磨的路演！我太高兴了，一定要请你吃大餐来谢谢你。而且，我要把我商学院的那些同学都介绍给你，当你的客户！我觉得你以后可以考虑去做商业演讲的培训教练。商业演讲是一个非常有前景的行业，演讲培训教练在美国是一个专门的职业，而且收入很可观。"

我说："真替你感到高兴，你的建议我会好好想想。"

庆祝的聚餐结束后，我再一次回归到主持人的生活。但我的命运好像出现了转机一样，我通过此次经历认识了更多的创业者，我甚至还参加了中关村创业大街的创业者聚会，结识了蛋解创业的创始人耿伟。通过他的社群，我又认识了小仙炖的创始人林小仙等各个赛道里非常出色的创业者。这次路演辅导就像是一颗种子，开始在我心里生根发芽。

这颗种子让我第一次在商业领域获得了成就感。我常常在下班的路上问自己："想要拿金话筒奖的话还要熬几年？外面的世界好像很精彩，要不要去试试？"

后来的故事，大家都知道了。我在商业演讲领域找到了自己的发力方向，属于我自己的另一段旅程开启了。那个当年穿着卡通T恤的静静也没有停下，现在的她已经收获了自己事业上的成功，实现了财富自由。也是在这次路演之后，我意识到是故事让创业者变得与众不同，受观众喜爱和支持的不是那些理性的分析，而恰恰就是故事。理性如资本，也需要"想象空间"。

那几年，我通过做路演咨询，平均每年能辅导超过 100 个项目。我和创始人一起想办法如何说服投资人，如何在大众媒体上做营销策划。这让我一个主持人脱胎换骨，完成了商业化转型。一直到自媒体和直播电商的兴起，我之前通过咨询和教学积累的经验爆发出了巨大的力量。

在中国的创业浪潮和商业世界里，有无数位"静静"。"静静"的昨天，可能就是你的今天或者未来。我相信，静静的成功故事可以复制，她撬动资源和资本的力量也会在你的身上重现。在这本书里，我会手把手地教会你掌握高效表达的技巧，收获每一次浪潮中的红利。

第二章

如何有效准备一场演讲

很多优秀的创业者都有一个相同的内核——"目标感"。创业如此,演讲亦如此。古语有云:"有备无患。"有天赋的选手创造演讲,而成熟的演讲者更擅于准备。下面,我将带你从 6 个方面学习如何有效准备一场演讲。

定好目标：
演讲要精彩也要结果

> 商业演讲是要有一个结果的。

每个人站上舞台时，心里总会怀有期待，期待着因为身份、职业、领域的不同而受人关注。但不管哪种期待，其背后都有同一个目的——更有效地影响他人，这是演讲的核心目的。

想要影响一个人不是一件容易的事，它往往不是一蹴而就的。我们既要有一个宏观、长期的整体目标，也要有每一次演讲的小目标。一次演讲就像是一场战役，我们既要着眼于全局、制定整体战略，也要仔细研究每一次战斗的战术。

没有演讲目标，演讲高手的百般招式也会失灵

我有一位让人羡慕的学员——田艳丽。她曾经是北京301

医院皮肤科的医学博士,我们都叫她田博士。田博士有专业技术加持,又是一个天生会讲故事、善于带动现场氛围的演讲者。现在的她是一名美业创业者,经常以嘉宾的身份出席各种论坛和行业大会,每一次都收获掌声无数。

但高手也有难题悬在心头。有一次,我们聊起最近的演讲状态,她向我透露了一个困惑:"演讲结束后,很多人会被我打动,成为我的粉丝。但短期达成合作、实现转化的人不多,很多人隔了很久才来到我的公司,成为公司的合作方或者加盟商。还有跟我一起参会的演讲者,虽然他的演讲没有我这么圈粉,但演讲结束之后,他的转化情况比我好得多。问题到底出在了哪里?我一直想不明白。"

在我看来,问题在于田博士的商业演讲没有设定一个目标。如果演讲者没目标,仅仅是因为圈粉才被加微信,那么演讲者和观众的联系就变成了无效社交,太多的"下次一定"和"回头再说"都遥遥无期,自然也没有商业转化结果。

对田博士来说,她需要定下她当天的演讲目标,满足观众的需求,从而达成自己想要的结果。我试着问她:"你看你每年在大大小小的峰会论坛、加盟商会议、演讲沙龙等不同的场合里,你想要达到的效果一定是不一样的,结合你的企业的阶段性经营目标,说说看,你想通过演讲获得什么?"

田博士给了我两个答案:"起步期,我的目标是找到更多优质加盟商，在全国范围内优中选优，打好加盟项目的样板。"

听到她的第一个答案，我心里就有数了。其实她有很清晰的目标，只是没把它放进演讲设计里。我继续说："加盟商绝对不会因为你的技术好或者产品好就直接买单，因为这些优势的可替代性比较高。"说完这句话，我似乎看到了田博士眼里的疑虑：不讲产品技术，讲什么？

我给她支了一招："你从业这么多年了，还记得当初你为什么出来创业吗？你是不是一个自我要求高、需要成长的美业创业者？答案是肯定的。如果你讲自己作为从业者的个人成长经历，那么自然而然可以吸引对自己要求高、有事业心的加盟商。我们确定好演讲目标后，就可以倒推演讲设计了。"

"太好了！小宁老师，我懂了。"高手恍然大悟的那一刻，是我作为教练最有成就感的瞬间。田博士接着抛出了她的第二个答案："我今年的目标是能够获得更多上下游资源，比如美业制剂的品牌方厂商，并结识更多给美业做投融资的机构。我想要了解投资者是如何看待美业的发展的，从而再去做更多探索。"

听完她的话，我知道田博士已经从行业的入局者转型成了行业变革者，作为教练我由衷地为她的成长感到高兴。我回想起从 2015 年开始做融资路演辅导后见过的无数投资人，思索了一下，给出了我的建议："面对投融资机构，你就不能再讲之前的创业故事、客户故事了，你需要持续输出你对这个赛道发展的个人观点。我非常清楚投资人的想法。他们是用投资逻辑去看演讲的，除了合作方的实力，他们想要选择跟他们有同样认知高度和视野的创业者。针对田博士你现阶段的目标，你面对他们要讲的是你对于行业未来的思考。这样一来，你想要的资源自然而然就来了。"

在这次非正式的对谈之后，田博士抱着寻求优质加盟商和上下游资源两个阶段性目标，提前为每场演讲做了设计准备。后来，她带着好消息来了：台下的观众不再是加了微信就走，吸引优质加盟商、探索行业商业模式、搭建个人品牌……她都做到了。有目标地演讲，设计对应的演讲思路，结果会完全不一样。

设定目标，评估目标，拿到结果

接下来我们谈谈如何明确商业演讲的目标，以及有了目标后，如何去判断和衡量自己的达成进度和效果。当制定商业演讲目标的时候，我们如何抓住重点，如何对目标的实现程度进行量化评估，也是需要注意的问题。

商业演讲的目标可以分为两种，一是传播目标，二是销售目标。

谈到传播目标,比如我现在要做一次演讲,台下可能都是不认识我的观众,但他们可能是我的潜在客户。对于我这次演讲的传播目标,具体应该如何确定才是非常合理的呢?我今天讲完以后,会有多少人对我感兴趣,扫码加我好友?有多少人能清楚地把我的优势介绍给别人?

加我微信好友的人数,或者说线上与我谈论业务合作的人数,加上线下拜访我的人数,可以作为传播目标量化参考的数据。销售目标就更不用说,直接用真实的交易额验证结果。数据骗不了人,它可以防止我们陷入演讲后的"自我感觉良好",而忽略实际情况。

除了具体数据的反馈,我还有一个很好用的"回访三问"要教给你。当你走下台跟场下观众交流的时候,你可以抛出这三个问题,它们能帮助你从观众那里获得对这次演讲更加细致和真实的反馈,从而提升我们对演讲的认知。

第一个问题:你对我最深刻的印象是什么?

第二个问题:如果你要把我介绍给你的朋友,你会怎么介绍?

第三个问题:如果我们成为朋友,你觉得我能帮到你什么?

这三个问题正好从三个角度来挖掘反馈。第一个是记忆点,第二个是故事点,第三个是价值点。如果你还记得我在一开始提到的麦肯锡 30 秒电梯法则,你会发现这三个问题恰好符合这个法则。

在知道了反馈标准之后,我们怎样判断自己这一次讲得好还是不好?我做了一张评分表(见表2-1),每一次演讲结束后你可以给自己打个分,看看记忆点、故事点、价值点这几个要素各占多少分。满分是100分,看看你能给自己的演讲打多少分?获得75分及以上算是一次优秀的演讲。

表2-1　演讲反馈评分表

价值维度	自我评分				得分
人设有记忆点	20	15	10	5	
故事可以被简单复述	20	15	10	5	
提出了明确的观点	20	15	10	5	
商业价值有提炼	20	15	10	5	
引导观众行动的效果	20	15	10	5	
总分					

通过三个问题和自己给自己打分的方式,你可以对精准用户进行回访,量化评估结果,找到下一次可以优化的地方,这样你的演讲表现一定会越来越好。

如果你是一个企业家或创业者,可能你的长期目标是让一万、一百万、一千万甚至更多人信赖你的产品和服务,短期目标则是让听你演讲的人当场对你产生好感,记住你的行业、公司和服务,因为你的号召而行动。

如果你是一个职场人，你的长期目标是积累资源、打造个人品牌，短期目标则可能是做好年底述职或者顺利通过一次面试。

而我的目标是希望将来有一天，一提起商业演讲，你第一时间想起的就是我。让我们现在就立下目标，拿到表达红利。

核心技巧

1. 设定目标，评估目标，拿到结果；
2. 商业演讲一般有两个目标，一是传播目标，二是销售目标。

分析需求：
你比观众更了解他

> 在商业上，了解对手与了解自己同等重要。

我在 35 岁的时候几乎讲遍了国内的一线商学院，我去过阿里巴巴、华为、字节跳动等知名企业做培训，中国家族传承论坛、总裁读书会也是我活跃的场域，很多我们叫得上名字的大公司都有我的高管学员……

如何让不同场合的人群都买账？如何满足不同机构和客户的需求？这些一定也是你好奇的问题。其实我也不是一直这么顺利，我曾经历过一次惨痛的"滑铁卢"，这让我时刻警醒自己。

忽视需求分析，再好的演讲也无法打动观众

有一天，我被邀请到沃尔沃讲课。我还记得那天是圣诞节，上海的节日氛围很浓，我也被这样的氛围调动了情绪，跃跃欲试。

沃尔沃可是大企业，在我的设想里，台下坐着的都是认知水平很高的高管。所以，我一站上讲台就恨不得把我的看家本领和最新发现全部拿出来分享给大家。我按照自己的想法疯狂输出了半天，结果却不尽如人意。

站在讲台上，我意识到一个巨大的危机。我观察着观众，男士都穿着笔挺的西装三件套，女士身着套裙，大家都非常优雅地坐着，就这样坐了一上午。我心想："坏了，在理想的课堂上，大家是状态积极、表现欲满满的样子，现在却是这副正襟危坐、保持礼貌微笑的样子，一定是哪里出了问题。"

我眼睁睁地看着大家想在笔记本上记点儿什么，却又把笔放下了，心里很不是滋味。终于熬到了下课，果不其然，我的感觉没错。一下课，组织这次培训的负责人就找到我委婉地说："小宁老师，大家都觉得特别难得能请到您过来讲课，您的课程也讲得非常精彩，有很多关于创业路演、新媒体的先进思维。但是……高管其实也有一些职场沟通、向上汇报甚至是克服紧张情绪的需求，下次有机会的话，您能不能增加一些这方面内容？这样的话，他们听完马上就能用上了。"

毫不夸张地说，我在听完负责人的这番反馈之后，后背直冒冷汗，悔不当初。那时路边的音箱里放着圣诞乐曲，我却听不出一点儿快乐的情绪。

我复盘了这次讲课的"滑铁卢"，深知自己是中了知识的"诅咒"，我总想讲更高深、更好、最新的内容给大家，却无视了大家真实的需求。我明明是有实力的，但在这场演讲中没能满足客户的实际需求。

了解观众，让你的演讲事半功倍

自此之后，每次演讲之前分析需求就是我的固定动作。后来，又是一次上海之行——我被百年企业法国液空邀请去讲课。这一次在演讲之前，我做足了分析需求的功课，想着得打个翻身仗。

我专门给培训的负责人打了一个电话，我问她：这次上课的人都有谁？可以和我说说他们的年龄、专业、岗位信息吗？

聊完之后，我获得了很清晰的观众标签：90后、高潜人才、海归、市场、研发，性格开朗、有创意、有激情……我仿佛看到一张张鲜活的面庞，这下我心里有底了。

我又追问了负责人此次培训的目的：这次培训面向的群体

是公司里的90后生力军，公司想要针对他们进行商业演讲力、职场沟通力的培训，从而把他们推向更高阶的项目。这下，我对这次课程的把握又多了一些。

掌握了人群画像和具体需求，我对课程内容的框架做了很大的调整，见表2-2。

表2-2 课程内容前后框架对比

	原版	新版
主标题	《清晰的表达力提高职场竞争力》	《赢在职场沟通》
模块一	如何清晰地表达你的商业定位	让人第一时间对你印象深刻并且喜欢你
模块二	商业演讲力进阶	如何当众讲话，轻松驾驭，hold（掌控）住全场
模块三	职场汇报的逻辑力	汇报工作，别让老板提醒"抓重点"
模块四	现场应变与危机处理	如果有人找碴儿，你该怎样接话

你可以看到，原标题和新标题虽然本质上在说同一件事，但完全是两种风格。原标题是我以前在商学院论坛、国企里面讲关于演讲力的内容时用的，更加严肃正式。这一次面向这么多职场新人，我在思索，什么主题才是他们真正感兴趣的。

第一，我发现他们对于公众演讲的观点需求不多。他们需要的更多是在舞台经验不足的情况下，如何表现得更稳定，看起来更自信，有更强的互动感，正常展示个人工作成果和思路就可以了。第二，他们有着海归身份和国际化视野，不喜欢太死板的表达方式，需要活泼一点儿。第三，我了解到他们对于向上沟通、跨部门沟通是缺乏经验的。经过细致的需求分析，我的新框架内容呼之欲出。

课程正式开始。当我看到台下的观众眼睛发光，在练习环节争先恐后地要上台展示，连去洗手间都争分夺秒的时候，我心想，这回稳了。

果不其然，法国液空的培训负责人笑得特别开心，课程结束后她拉住我直夸教学效果特别棒，还直接跟我商议起了下一次培训的主题。

做好需求分析，你得比观众更了解他自己

想要有效影响你的观众，你得比他更了解他自己。如何了解呢？我的经验如下。

（1）找到与观众类似的人。先对演讲的观众做一个用户画像，越具体越好。比如，我有时被请去讲短视频创始人IP课，我会得出这样的用户画像：30~50岁的传统行业中年男老板，有表现欲，爱交朋友，擅长社交。如果观众人群更多元，你就需要做多个典型用户画像，并且你的内容要照顾到他们的兴趣点，才能保证演讲的效率。然后，你就可以在身边找到几个同类型的人，提前做下沟通，了解他们对你和你的演讲内容的期待是什么，内容怎样讲更讨巧。

（2）找到目标观众身边的人。比如说，本场观众都是CEO，但是你可以问一些你认识的首席运营官和首席营销官，站在公司、部门、工作伙伴的角度，了解CEO的需求。和他在一条船上的人，最知道他实际缺什么，害怕什么，期待什么。

（3）找到目标观众的合作方或客户。有时，站在朋友的角度，很容易发现一个人需要什么。

（4）找到目标观众的竞争对手。只有对手最了解对手害怕什么或者有什么短板。

这是不是很像背景调查的方法？没错，从这4个维度出发，找到对的人，你问出来的东西才会有效。那究竟问什么问题才会得到我们真正想得到的答案呢？

比如，我要做一场关于商业演讲的分享，我找到了几个和目标观众有关的朋友，我的问题清单如下。具体的问题根据场景和话题的不同有很多变化，但是问题的核心是不变的。

（1）**特定场景**。仔细回忆一下，你在哪一个场合中演讲完感觉自己没发挥好？

（2）**痛点**。你感觉是哪里没发挥好？有什么原因？举个例子。

（3）预期+对标。你本来希望自己的表现效果是怎样的？和谁给人的感觉类似？你和他的具体差距在哪里？哪些点最容易改善？

（4）动机。除了提升演讲水平，还有什么原因促使观众来听你的分享？

（5）爽点。如果我在演讲现场帮你解决了一个小问题，你就愿意报名我的正式课程吗？

这5个问题我问了很多人，屡试不爽，每次都能得到令我惊喜的答案。你不妨也把这5个问题记下来，根据你的内容拟一个问题清单，并在下一次登台之前试着用起来。如果你能有足够的时间做好万全的准备，这当然是最理想的情况。但平时我们有很多突发情况，比如：上司通知的临时会议、会上的临时发言、面试中对方的临时提问、商务谈判中的提问。我们可能没有提前调研的时间，但需要我们即兴表达，这种情况下又该如何分析观众的需求呢？

这里最核心的理念是，锚定与互动。

第一步：锚定。因为你经常出去演讲，所以你对观众是有感知的，在有一个大致的判断以后，你先把你心里拿得准的、必不可少的内容安排上，这是你自己对观众的基础判断。

第二步：互动。这一步就比较关键了。当给企业做内训时，我常常做现场演练，这能有效解决很多人向上汇报的问题。说白了，当你只花一半的时间讲完问题、原因、重点和计划并能留出另一半的时间向老板请教时，你已经赢了。因为许多职场人士都容易掉进"充分准备，把话说满，老板插不上话，最后自己带着问题回去猛干"的沟通陷阱。

如今我已经养成了分析需求的习惯，每次演讲之前，我经过对观众的充分了解，都可以想象出自己和观众一起坐在观众席的场景，想象我们是怎样的一群人，我们想解决怎样的问题。

最后，还有一个很好用的招数，可以帮助你更好地做需求分析。演讲时不管人有多少，开场我都会问："大家对今天学习的期待是什么？"

"大家想学到什么东西？"这是第一个问题。如果第一个问题的效果不太好或者回应的人不多的话，我就会抛出第二个问题："当演讲、录制短视频、直播或者开视频会议的时候，大家遇到过什么问题，尤其是与表达相关的问题？"

这两个问题足以让我获得很多观众的真实反馈。在我们对内容熟悉的情况下，我们按照现场观众的反馈做出相应的内容调整，使每一次演讲效果都超出预期。如果你想成为一位演讲高手，在各个场合从容不迫，你就提前分析观众的需求，让你想要传递的内容和观点被更好地表达、输出。

核心技巧

1. 找到与观众类似的人;
2. 找到目标观众身边的人;
3. 找到目标观众的合作方或客户;
4. 找到目标观众的竞争对手。

制定框架：
表达圈粉需要结构

> 框架，让演讲者和观众对内容预期更明确。

小时候，负责春游安排的导游在大巴上会和我们强调春游的意义：建立友谊、促进团结，好吃的要懂得与他人分享，记得和好朋友合影，留下美好回忆……当到达景区门口的时候，导游会给每位小朋友发一张游玩地图，告诉我们今天有哪些好玩的游乐设施，每个地方适合游玩多久，几点前必须回到景区门口集合乘坐大巴返回……通常，大家游玩得很顺利，体验很好。导游发的游玩地图会给这趟旅程加分不少，这是为什么呢？因为导游根据成百上千次的经验，总结了一个游玩框架。"框架"在很多情况下都非常重要，对于商业演讲也是如此。

对演讲者而言，不同的演讲目标对应着不同的框架。而完整、精心设计过的框架，有峰值、有终值、有闭环，对观众而言也会带来体验的加分。在做了上千场演讲之后，我总结出了演讲的通用框架和在每一个环节随取随用的好方法，如果你在准备自己演讲的过程中感到无从下手，或者在某一个环节遇到了阻力，那么下面的内容可以解决你遇到的问题。

会开场的人成功一半

我的习惯是，开场不要说正事，先跑跑题。平时我们刷短视频的时候，一个视频的前3秒就可以决定我们是继续饶有兴趣地看下去，还是用指尖直接划走。对商业演讲来说也是一样的，一个好的开头与你的演讲可以快速吸引观众息息相关。

大家都说，好的开头等于成功的一半。我要告诉你，演讲想要开好头，有这样几个屡试不爽的方法。

（1）引起重视，抓住观众的注意力和好奇心。

有一位来自北京的女学员让我印象非常深刻，她是简一大理石瓷砖北京经销商周微微。2021年的跨年夜，我那时正在大理的一间民宿里参加一场游学活动，正端着热茶期待着晚上的篝火晚会，就在这种岁月静好的轻松氛围之下，我的电话突然响了起来。

跨年夜的来电，我知道这通电话一定不简单。周微微在电话里为她在跨年夜的来电打扰向我连声道歉，然后说明了她这么急着打电话向我求助的原因："总部明天有一场大会，偏偏点名要我上台分享。小宁老师，我是最怕上台的，而且这种大会的议程都特别长，台下的观众经常走神，你快帮帮我吧。要不是这么急，我也不会这时候给你打电话了。"

周微微是简一的顶级销售经理，她的业绩在全国都能排上前三。其实对于这样的学员，她的演讲是非常好调整的，因为她本身有足够多的干货，只要稍微"加工"一下，效果就会非常好。时间紧迫，我们决定把重点调整的部分放在开场。

让我们一起想象一下，在公司的年度大会上，一定会有很多话题是关于总结和展望的，如果你也选择这样的话题，那么一定会跟别的演讲者撞题，导致观众容易走神，你自己也会觉得没意思。这时候，我教给她开场的一个招式——引起重视。

引起重视无非就两个关键词：独特方法、引起好奇。演讲者说的话必须是对观众有用的，比如观众听完之后可以获得什么技能或者解决什么问题，再者就是话题能够引起观众的好奇心。做好这两点，你就不用怕台下的观众走神了。

我对周微微说："你是顶级销售，你一定要把你最突出、最特别、别人最想学到的东西拿出来，让观众觉得有用。"有顶级销售的光环加持，周微微的销售方法信手拈来，比如：价值成交，通过角色配合成为优秀的销售，如何打造团队销售流程……这些方法随便哪一条台下的经销商都特别想听。解决了独特方法的问题,接下来我们需要把方法嵌入观众感兴趣的话题,引起他们的好奇。

从跟周微微的聊天中我得知了一个很重要的信息,经销商很多都是"夫妻档",比如跑客户、公司管理、出门应酬都是夫妻配合着来干的。"在元旦这一天,台下的观众一定不想听太长的演讲,所以我们把分享的内容嵌入夫妻关系的话题。你一定将是那场大会里获得最热烈反馈的演讲者!"我自己在电话这头也跟着一起兴奋起来。

最后我们确认了开场的内容:展现自己独特的销售方法,并以"如何通过夫妻配合完成巨额销售,如何通过'调教'老公成为顶级销售"的话题开启分享。这看似是讲两性关系的故事,其实是在传授实实在在的业务心法。

过了两天,周微微发来消息:"小宁老师!这次现场的演讲效果数我最好了,观众的笑声和掌声一直没停下。下次总部再派我去演讲,我肯定上!"

一个能引起重视的开场,不仅能让演讲的效果倍增,对演讲者来说也是一次莫大的鼓励。你如果有现成的文稿,不妨试试看用独特方法和引起好奇的招式给自己重新设计一个可以引起观众重视的开场。

(2)树立人设,在表达的时候传递双份价值。

有的人就是有一种表达的魔力，他只要一开口，就可以被观众牢牢记住；他的形象、语录可以被很多人反复琢磨，这不失为一种让人羡慕的能力。让我们回想一下，有哪个创业者在不同时代都在享受表达红利？

罗永浩这个人很值得我们研究。我研究了两年发现，他的表达习惯和其他创业者最大的不同是，他喜欢在表达时顺便展示自己的喜怒哀乐。在短视频、直播流行的今天，他的这一点不同成了一种流量密码，叫作"立人设"。

如何立人设？这是你需要思考的一个重要问题。为什么它很重要呢？人设就是人格魅力，假如你晚上要在家附近吃烧烤，有几家烧烤摊的味道、装修水平几乎一样，那么你会选哪家呢？我相信你会选老板比较热情、你比较熟悉的一家。

假如我们要讲项目PPT、对内汇报或者对外合作的项目，我们往往讲得过于专业或单调。我们虽然把项目讲清楚了，但是没有把自己的价值在项目中一同展示，这就失去了一个打造自己特定人设、传递双份价值的机会，这是非常可惜的事情。

我在平常做路演咨询的时候，除了帮助创业者讲好项目，也帮他们梳理如何表达自己的价值。在周微微的故事里，她通过自己的内容向我们传递了她的人设——销售能力过硬，懂得如何经营两性关系，兼具温柔的力量与智慧。这也让她在一群演讲者之中被观众记住。

如何能像高手一样立住自己的人设,在表达的时候传递双份价值呢?

首先,我们要有"个性钩"。这个钩子可以钩出许多故事。比如罗永浩,从他最早在西门子大厦门口砸冰箱开始,到他在互联网上跟一些流量大V开战,再到他几次创业的产品发布会和早期他在新东方教学时的那些火爆全网的视频,以及他后来做电商带货主播时的"真还传"[①],都是在一步步展示他"率真意气"的个性人设。当经营锤子手机公司时,他那种工匠精神和为小众群体发声的表达在原有人设标签上做了叠加,斩获了一众男性粉丝。跟着商家买,消费者用理性脑决策;跟着偶像买,消费者用感性脑决策。

总之,我们在表达中要找到一个容易被放大的性格特点、行为特征或深度爱好,总之是一个吸引人的特质,在此基础上再加上一个专业身份,比如:不喜社交的演讲教练、玩滑板的大学教授、喜欢美食探店的企业家……这样,你就很容易被人记住,保持公众人物的话题性。

你可以回想一下,在平常的生活中,在朋友对你的评价中,最常出现的那个词是什么,你最常干的事儿是什么。那就是你可以被放大的"个性钩"。

[①] 与电视剧《甄嬛传》谐音,是对罗永浩偿还债务举动的一种调侃。——编者注

然后，我们要有"视觉锤"。最简单的方法是形象特质。比如：江苏卫视的主持人孟非，永远是光头形象，永远在台上歪嘴坏笑；脸书创始人马克·扎克伯格永远都穿着灰色T恤，他的衣柜里估计有十几件一样的T恤；乔布斯的黑色高领毛衣和牛仔裤。他们永远保持一致的外形特征，这使他们更容易被观众记住。

最后，你可以有"语言钉"。当一个人的口头禅被大众熟知的时候，我们就很容易记住这个人物。比如说罗永浩的"交个朋友"，冯巩在春晚上的"想死你们啦"。"语言钉"是让我们清楚地记住一个人的便捷方式，也是立人设的一个特定条件。你可以录下自己的演讲，看看在表达中你是否也有那些被你反复使用且有记忆点的"语言钉"。

大众传播当中有条铁律：一个人通常只能被人记住一个特质、一个故事。所以，虽然我提供了这么多立人设的方法给你，但你一定不能贪多，找到最适合自己、最与众不同的方法，人设的效用才可以发挥到最大。

（3）暖场自嘲，找到自己和观众都舒服的状态。

我观察到一个有趣的现象：通常我们上台演讲都希望给别人留下轻松自如的印象，但实际去做的时候往往事与愿违。比如说，我们可能比较着急地就进入演讲的主要内容，这样做的问题在于会使演讲者与观众产生心理节奏上的不匹配。在演讲者的节奏里,他们很快就让自己的剧本上演了,但是观众可能还没有进入状态。

回忆一下,那些高手在上台演讲的时候,是不是都不急着进入自己的主要内容?对,高手往往有暖场的动作。就拿相声演员来说,虽然他们有师父教的固定脚本,但每次开场他们也有自己的发挥。有经验的相声演员会根据不同的场合、观众人群去做一些试探性的表演,也就是他们开场前的"扔包袱";同样,在脱口秀节目录制中,可能需要现场导演暖场,带动观众鼓掌,调动起现场观众的情绪,以保障节目效果。

我们把相声演员的做法借用到演讲中,该怎样操作呢?你可以在开场前尝试做一个简单有趣的互动,如果能够结合你的人设以及你今天要达到的目标的话,那么效果会更好。比如,我是一个演讲教练,我经常会到不太熟悉的场合进行分享,这时我通常会选择开场先跑跑题、聊聊天,自嘲一下,让观众先放松下来。

各位好,有人说我可能是全国美女学员最多的演讲教练,我一直不敢确定。小姐姐们,你们今天用掌声帮我确定一下好吗?(掌声)在场的各位男士,请你把目光转向身边的女同学,你们敢不确定吗?(有人哄笑,掌声)

大家发现了没有，在开场的时候先调侃一下，扔两个"包袱"出去，会让现场的气氛轻松起来。这里有一个技巧是，我们要学会根据场合与人群定制开场。

暖场，可以给观众一种心理暗示——演讲者很放松、很好相处、很亲切。连续且快速的语言试探能让演讲者与现场观众达成一种共鸣。演讲者可以带着这种共鸣的感觉润色整个演讲的内容，保证内容被观众更好地接受。

很多演讲者希望通过自嘲的方式在舞台上打开局面。关于自嘲，我想提醒你注意两点。

①一定要自嘲非专业的点，万不可拿自己的专业和能力自嘲，否则如果你把握不好会适得其反；

②自嘲的目的是先抑后扬，看似是在贬低自己，其实是通过一个无关痛痒的话题引到正面的话题上，我称之为"小缺陷，大价值"。比如我有一个经常用来自嘲的方法："你们别看我体型瘦瘦的没有胸肌，但我很有胸襟。"这个时候台下的观众都会跟着会心一笑，我就知道我的目的达到了。

高手都会熟练地使用自嘲的方法，比如我提到的周微微，她就特别会保养，这是她的优势。她的开场也会自嘲："虽然我年过40了，但还好'人老珠不黄'。想替夫人打听我的护肤套餐、送礼物不用动脑筋的大老爷们儿，等会儿下场了可以来加我微信。"简单的一句自嘲，既把自己的人设立住了，又能圈一波"颜值粉丝"。你学到了吗?

当然,任何一次自嘲暖场都不一定能百分之百地达到理想状态。你也可能会遭遇冷场或尴尬。遇到这样的情况,我只想告诉你一句话:演讲,过去的每一秒尴尬都不必纠结,接下来的每一秒互动都值得尝试。

如果你开始手心冒汗,不知道该说什么,不如试着保持坦诚,说出你在担心什么,让观众和你一起面对。这是所有人都能使用的最佳策略,也是新手进阶为高手的必经之路。这样,你就有了第二次去热场、去激发观众情绪、去施展你的语言魅力的机会。当你专注于一次又一次地影响观众时,观众一定会被你吸引。

核心技巧

1. 个性钩。
2. 视觉锤。
3. 语言钉。

会讲故事的人有优势

要想让对方听懂，你就带他经历一遍。我经常提到，会讲故事的人能征服世界。回顾历史，从古至今都是会讲故事的人拥有更高的社会地位，掌握话语权。比如在原始社会，当人们结束了一天的狩猎活动在篝火前围坐之时，一定是氏族的长老或族长站在噼啪作响的火堆前，通过讲故事的方式来传递先人的生存经验、智慧或者管理氏族的规则。所以，在信息传播过程中，故事是最为重要的一个工具。

同样，在商业领域我们也不难发现这样的情况：通常来说，如果你有一个好的项目，想去找投资的话，你就必须讲好这个产品、这个项目、这个公司的故事。所以，会讲故事在商业时代几乎成为一个人具备营销竞争力的衡量标准。

乔布斯天生就是一个讲故事的高手。他通过车库创业的奋斗故事、离开苹果公司又回归的故事、参悟东方哲学的悟道故事、与病痛斗争的人生故事为苹果公司和它旗下的苹果手机增添了许多传奇色彩。

（1）用三个故事撬动2 000万元的投资。

你还记得我说过的那位撬动了2 000万元投资的女孩静静吗？到底是怎样的故事有这么大的杠杆作用？为什么在演讲的框架里讲故事如此重要？

其实这三个故事很简单。

第一个故事讲的是市场机遇——我们发现这是一门好生意。当时正值国内大量的门户网站开始转向移动互联网。互联网企业兴起,人力资源管理的需求开始转向会议软件、打卡软件、管理软件。静静的 SaaS 项目正巧抓住了这次市场机遇。

第二个是产品雏形的故事,也就是说清楚我们到底卖了一个什么样的产品。当时任何一个互联网公司的产品开发出来都要有最小可行性产品(MVP)。当时,静静有一个大客户是海尔,海尔正面临着转型。在交流的过程中,静静发现了一个亟须解决的问题:在海尔的部门领导、中层管理者离职了以后,它的经验就会流失,新来的管理者又要重新搭建一个管理系统,这样成本就非常高。所以,静静的第一张牌打的是一张"学习牌",管理者只要登录静静的这个产品软件,就可以获得整个部门的知识库。而如何帮助海尔提升员工和管理者的学习效率,是静静打的第二张牌,让投资者可以特别真实地感受到产品为客户解决问题、满足需求。

第三个故事是讲团队搭建的故事。投资者的重要判断是要看人、看团队的,大部分的创始人讲团队的故事都会把团队成员的简历挨个儿念一遍,花再长的时间也没有办法给投资者留下很深的印象。

还记得唐僧师徒西天取经的故事吗?干成一件事需要几个

扮演不同角色的队友。静静做好 SaaS 项目大致需要这几类队友：公司需要海外合作，要有海外背景的负责市场的好手；公司要做软件服务，要有技术开发背景的程序员；公司把产品卖给企业，要有大客户销售经验的销售人员……能把这伙人聚齐，大家各有所长，还怕事情干不成吗？我跟静静说："你一定要用这样的方式去讲团队搭建的故事。"

通过找大学的学霸同学、在互联网大厂有技术开发经验的好哥们儿以及国外导师的推荐，静静组建了自己的初创团队。从投资人角度来看，这个团队是真实、靠谱、可以信任的，投资成功的可能性就会大大提升。当时，我和静静一起打磨如何讲好这三个故事，当她第二次去见投资者的时候，她拿到了自己想要的结果。

如果你也可以学会这套讲故事的方法，那么你往后在撰写商业计划书和项目推介时一定会更加得心应手，成为一名讲项目的高手。

（2）故事本质上就是一个能被传播和营销的载体。

你仅仅说"我的产品好""我的人不错"，这样似乎还缺少一个载体。所谓的载体就像是一个包装精致的礼品盒，里面装着你的性格、脾气、专业度、自我介绍、经历、产品，甚至美好的愿景。这一切都可以被包装成一个故事，像礼物一样让人容易接受。

抽象地说，故事体现了表达内容的封装能力。不管是过去的电视演讲节目，还是现在的短视频直播 App，都为讲故事提供了达成商业目的的平台。很多人在短视频中讲述自己赚取第一桶金的故事、创业被坑的故事、创业过程当中让人振奋的瞬间，获得了许多有共鸣的客户流量。

所以我们看到，故事一定有它的商业价值。而学会如何讲故事，不仅是这个时代几乎人人必备的一种素质，也是演讲中的一项重要技能。

讲好故事能带来怎样的效果呢？我认识一位创业者叫刘楠，她发了一条短视频，讲了她如何发短信说服徐小平同意见她并投资她事业的故事。她总结道，自己用一条短信制造两个冲突。

> 徐小平老师你好，我是刘楠。我是从北京大学毕业的，现在在淘宝卖东西（当时电商还被许多人认为是不正经的工作）。我虽然开了淘宝店，但我干得还不错，一年的收入是 3 000 万元。我现在收入很高，但是我有很多创业的苦恼，希望能有机会见到徐老师，帮我答疑解惑。

她说自己反复修改这条短信，直到制造出两个冲突：一是北京大学的毕业生开了淘宝店；二是她做得不错，却很苦恼。

一段文字，两个冲突。刘楠通过短信的方式联系了著名投资人徐小平，结果徐小平当天就给她回了电话，并主动约了她到办公室见面详谈。徐小平不仅告诉她很多创业方面的建议，还直接给了她天使轮的投资。有了明星投资人做背书，刘楠后面的 A 轮、B 轮融资都很顺利。

看完刘楠的故事，你可能也开始跃跃欲试，要挖一挖自己的故事。接下来，我会教给你一套讲故事的称手工具。我过去在中央人民广播电台做了 7 年的谈话节目，请教过一些很有才华的导演，比如：陆川、贾樟柯、宁浩、徐浩峰。他们对故事的理解非常深厚，我从他们的解读中找到一条共性的规律：故事，往往是因为"错位"而生。比如，普通人修炼成绝世高手，霸道总裁爱上灰姑娘。"错位"在这种长盛不衰的网络小说桥段中比比皆是。

我告诉学员，讲故事要遵循一个核心公式：好故事 = 何时 + 何地 + 何人 + 冲突 + 反转。

这时你可能会问："我好像没有冲突，我讲不出来怎么办？"记住一个常识：这个世界上没有永远特别顺利的事情。问题还是出在了我们自己身上，我们没有观察细节。在我们觉得很顺利的事情里面，一定有一些外行、普通人解决不了的困难。我们把这个困难拿出来放大，就有了冲突。比如，我一般上台演讲开场时都会很轻松，但有人一上台就忘词，感觉心态崩了。忘词这件事在我看来可能不是什么大事，但是对有些人来说，这是一个很大的困难。这样一挖，冲突就有了。

我套用公式讲一个故事："2019年，在北京的一次演讲中，我忘词了，却让我这个演讲教练大赚一笔。"这听起来不就有意思了？你看，不是没有冲突，而是你没有找到发现冲突的方法。在演讲的过程中，学会提炼自己的困难，放大冲突，能让观众更好地共情。因为观众不是你，你是一个专业人士，你的能力很强，你根本感觉不到困难在哪里，但观众不像你那么专业。你从普通人的视角提出问题，观众才能感同身受。所以这就是我挖掘冲突、塑造吸引力的秘密。

公式里的素材准备好了，我们接下来要解决的问题就是该如何把故事讲出高级感呢？

语文老师其实教过我们，倒叙、插叙、砍掉开头直接进入某一个场景画面，只要是这些不按时间线来叙述的手段，都可以很轻易地制造出"感觉"。

我个人最喜欢的是加西亚·马尔克斯写的《百年孤独》的开场，他用了一种极其特别的叙述方式——站在未来的角度回忆过去，凭借着巧妙的时空交错形成了巨大的悬疑："多年以后，面对行刑队，奥雷里亚诺·布恩迪亚上校将会回想起父亲带他去见识冰块的那个遥远的下午。"[1]

我记得当我第一次读到这里时，还坐在中学教室里的我直

---

[1] 加西亚·马尔克斯.百年孤独[M].范晔，译.海口：南海出版公司，2011：1.

接被这种方式深深震撼了。这种高级感有点儿像：把一条裙子的袖子剪掉，它就变成礼服了；把裙子的后背再剪掉一块布，它就成了晚礼服。不要铺垫，开场前 3 秒直接给出最打动人心的画面，这种叙事技巧已经广泛应用在短视频等领域。

> **核心技巧**
>
> 1. 故事口吻：不要总结，要细节。
>   例如：把"秋高气爽"换成"上班路上，踩到了满街的落叶"。
> 2. 故事情节：不可能的身份，完成了不可能的任务。
>   例如：转型为演讲教练的主持人，在 35 岁几乎讲遍一线商学院。
> 3. 故事模板：至暗时刻，高光时刻。
>   例如：好莱坞大片的经典叙事，儿时的童话和寓言故事。

会共情的人有势能

真正的推销高手都是共情的高手。如果你在演讲过程当中，通过对舞台的把控成功地打开了表达状态，体现了自己的价值和优势，也获得了现场观众的信任，那么这就是一次让人满意的演讲。如果你对于自己的演讲还有更高的期待，那么我要教给你接下来的这个杀手锏。好的演讲在最后还需要你再添一把柴，让火烧得更旺，让火烧进观众的内心，让他们有想与你连接的热情，被你圈粉。

那么怎样给演讲再添一把柴呢？这就是本小节的主题：结尾共情，在情绪上点燃观众。演讲者非常期待有这样一种本领能够使自己在演讲结束的时候收获人心。其实做过销售的人都知道，我们在展示价值时是理性的，但真正让客户买单的是感性的情绪。那么如何去制造这种情绪？我想教给你的核心技巧是，你要为一群人发声，你要为一个人而战，记得见好就收、点到即止。

我教过的演讲学员全球有超过3 000位，其实很少有人的话题可以真正打动我，可是一位王同学的演讲给我留下了极为深刻的印象。她从一众老练的演讲高手中脱颖而出，获得了那一次商业演讲课程的冠军。那次课程的演讲主题是"假如你有一次重来的机会"。现场有很多高手，他们都是非常优秀的创业者。

有人讲:"假如能有一次重来的机会,我会告诉20岁的自己……"

有人讲:"假如还有一次重来的机会,我一定还会选择现在这个我热爱的事业……"

…………

大家都讲得很好,但这些话题很难给我新的震撼。而王同学很不一样,她走上台,开始讲她和她妈妈由来已久的矛盾,两个人在电话里常常不欢而散,以吵架收场。

她一边说一边低着头,像个犯了错的小女孩。一缕长发一直被她绕在手指上卷来卷去,就好像她此刻紧张和纠结的情绪也似这般缠绕在心尖。

王同学继续说:"我跟妈妈的隔阂已经不知不觉成了我生活和工作当中的一个困扰。很多人说原生家庭的问题不可战胜,所以我选择了破罐子破摔,拒绝沟通。"

"刚才就有那么一个瞬间,我想我是不是可以把这个'重来一次的机会'让给我的妈妈。我的妈妈之所以成为现在这样"很难沟通"的人,是因为她从小没有得到足够的爱。她成长为了一个非常缺爱和敏感的人,从而影响了我,也影响了我的人生。让她有一次重来的机会,让她拥有更多的爱,这样她就有机会成为一个更好的妈妈,我也就有机会成为一个更好的女儿，并在未来成为一个更好的母亲。"

在王同学讲完这个故事之后，全场学员的注意力都在她的身上，没人舍得打破这一刻的宁静，所有人都陷入了深深的思考。几秒之后，全场爆发出雷鸣般的掌声，我当时就决定给她全场最高分。

回看王同学的这个故事，她做到了为一群人发声，她替所有原生家庭不是特别幸福的一群人发声，同时她为一个人而战，她为她的母亲而战。而且，她在现场所有人的情绪达到最高点的时候结束演讲，点到为止。我前面讲到的两个技巧她都用到了。

如果你在演讲的结尾能够跟现场的观众、你的潜在客户达成情感上的共鸣，那么你一定会收获一众粉丝，甚至是收获很多长期的客户，因为你已经完成了情绪的连接，所以情感的纽带、信任的基础自然而然就来了。

这个时代，有越来越多的企业品牌、个人品牌都在强调圈粉的战略方向。比如2020年，当我去长城汽车给全体高管做演讲内训的时候，董事长魏建军说："我们长城汽车今年的品牌战略就是圈粉战略。所以，商业演讲、自媒体矩阵都是我们一定要做强的事情。"

（1）圈粉的底层逻辑：学会共情。

学会共情，通常从一个共同的身份开始。比如，我们都希望不停地提升自己,都希望在工作中获得自我实现等。我们将自己和观众看作同一类人,价值观统一、三观统一才能产生共鸣,这是最基本的逻辑。

我们可以回想,从小到大,自己会被什么样的内容打动?在我的成长过程当中,有些优秀的文学、影视作品让我难以忘怀,不时斟酌回味,内心激动万分,久久不能平息。我们可以思考,这些作品是如何做到的?比如列夫·托尔斯泰的《复活》、余华的《活着》、沈从文的《边城》,这些优秀的文学作品都是在讲一个时代、一群人共同的喜怒哀乐和这些人难以抗拒的命运。

不管你是农民、工人、大学教授还是边防卫士,不管你身处哪个角落,你一定都见过掌握着共情这个说话密码的人,他们一开口就能赢得全场人的共鸣,让观众为他们鼓掌。我在商业领域也有许多具有共情思维的朋友,共同的身份意味着为一群人的共同利益而战,由此你就能赢得这群人的心。

(2)为一群人而战,也是一种演讲的技巧:上价值。

很多商业演讲明星为什么能够输出价值、被人喜欢、被人记住?为什么他们能够拥有影响力?举个最简单的例子,在第一版小米手机正式发布之前,小米就将自己的应用放在了开源系统中,它让最初的100位发烧友在论坛中下载其系统,并在试用后提出意见。

2010年8月16日，MIUI小米手机操作系统正式发布第一版。但它的开机画面不是公司的标志，而是在论坛上下载系统、参与测试的这100位发烧友的名字。当我在小米纪录片中看到这一幕的时候，我的内心深受震撼和感动。当我们为了一群人而战的时候，这群人会最先感知到。

在商业演讲中，传递"为一群人而战"的价值观的例子还有很多。很多人都知道这个故事：在顺丰上市的敲钟仪式上，总裁王卫带上了一个快递员一起敲钟。因为，曾经这个快递员在送快递的时候，被客户无端恶语相向、殴打侮辱而受了委屈。这件事情很快被顺丰的高层知道了，他们力挺了自己的员工。这件事情让人非常感动。快递员是顺丰最主要的员工群体，正是他们支撑着顺丰的商业帝国。

顺丰的董事长王卫带着这样一个曾经被客户恶意刁难、受过委屈并为公司付出青春的普通快递员一起敲钟，就是为了表达"顺丰，此刻为这一个人而战"，从而让千千万万个快递员有了强烈的代入感。这在演讲当中是相当高级的一种思维方式。

回顾你的演讲内容，你是否传达了你在为哪群人争取利益，为哪个人而战？

> **核心技巧**
>
> 1. 为一群人发声，或为一个人而战。
> 2. 见好就收，在观众情绪的最高点结束演讲。

下指令才有领导力

有影响力的人都有引导观众的习惯。在"制定框架"这个小节的开始，我就说过闭环的设计会让观众的体验加分。同时，闭环设计和演讲结束的行动指令不仅对读者有好处，对演讲者也是如此。你如果没有在一次对话中直接促成交易动作，那么一定要记得在结束时与人建立连接。

你是不是常常在演讲结束后表示，你愿意提供资源，愿意免费给出专业建议，结果却发现真正找你的人寥寥无几？如果我说，在过去你可能因为表达问题错失了50%的资源和机会，你会不会感到懊恼不已？

曾经的我开了很多场分享讲座，但也跟你一样在演讲结束的时候什么都没有做，让人脉、资源、机会白白溜走。但当我开始改变的时候，一切也发生了变化。我开始在演讲的结尾加上某种行动指令，我开始在与人碰面后的第二天再次找他聊天……渐渐地，我发现自己有了"人气"，变成了一个更受欢迎的人。常常有现场听了我分享的朋友把我介绍去讲课，好多商学院、知名跨国集团、一线民企的内部培训邀约都是这样得来的。

你一定好奇我是怎样做的，现在我就把这个只用1分钟就可以提升50%资源链接效率的方法教给你。这个技巧就是下行动指令。这个方法我教给过身边很多朋友，我每一次在演讲结束的时候都会说："大家看，这是我的微信二维码，请现场的朋友一定要加我好友，这对于你很重要。为什么呢？演讲就是商业效率，你加我之后把自己的个人介绍发给我，今晚不管多晚，我会给每一位新朋友润色你的自我介绍，让你一开口就给人留下深刻印象。"

我在每次演讲结束后都会这样做，当天回复消息到深夜，第二天起床后回复消息到中午。有不少人在演讲结束后的一周内给我拉来合作。绝大多数人在相当长的一段时间内都与我保持沟通，甚至产生了转介绍的长尾效应，有很多人会为我介绍客户、对接资源。当然，面对不同场景，我会有不同的演讲结束语。现在，我把做对了的事总结给你，希望能够有效帮助到你。

下行动指令有4个要求如下。

（1）利他思维。你的行动指令一定是对别人有好处、有用处的——它是一个小福利。最简单的小福利可以是发红包，这是所有场合通用的拉近距离的好方法。占新朋友的"便宜"是让人愉快的事情。哪怕福利和红包没有新意，你在表达的时候也一定要体现出这些是你专门为今天的演讲准备的。你的福利还可以有各种各样的形式，比如本次演讲的课件、行动清单、你积累下来的PPT模板……你可以提前准备好福利包，这样做你一定会吸引更多的人与你连接。

（2）越具体越好。我听过一个做茶酒生意的学员的演讲结束语："我的办公室就在朝阳公园对面，我这个月不算忙，工作日的下午我都会泡壶好茶和朋友聊天，如果各位下午路过附近，一定到我那里坐坐。来一次，我教会你喝一种茶。"你看，有具体的时间、地点、事件就很容易让人付诸行动。果然，一周内很多人去了他办公室，他们学习了关于茶的知识，还顺便买了些茶带回家或作为伴手礼送人。

（3）越及时越好。就像我的"自我介绍"行动指令，我会强调"大家一定要现场加我好友"，"我今晚不管多晚都会回复"。我会熬夜回复、加班回复，这就是我的及时性。及时性才可以将我演讲的长尾效应发挥到最大。当大家对于你的演讲内容印象最深刻的时候，你要趁热打铁。

（4）体现专业度，保持开放性。要想低成本地让别人相信你的专业度，你需要的是一种产品思维。你需要找到那个最佳的"敲门砖"和"引流款"。比如当我出去演讲时，我最后说"大家有演讲问题可以找我"会显得太笼统，还不如"1分钟自我介绍"容易让人心动。你在体现专业度的同时，还要保持开放性，你可以给自己贴上很多开放式的关键词标签，比如商业定位、自媒体策划、演讲表达……这样你的观众就会成为你的转介绍中心，当他们以后有相关的需求或者他们的朋友有相关需求的时候，他们就会想到你。

今后，你可千万别再说"以后××方面有问题就找我"这种话了。

核心技巧

1. 小福利：很刚需、低成本、见效快；
2. 要具体：具体的时间、地点、事件；
3. 要及时：发挥长尾效应，趁热打铁；
4. 专业度和开放性。

金句点睛：
送给观众一个特别的记忆点

> 金句是你行走江湖的名片。

如果你觉得金句只是用来放在 PPT 上供观众拍照的，那误会就太大了。一句点睛金句的作用远超你的想象。我的一位学员因为一句金句收获了巨大的红利，品牌效应、行业资源接踵而至。

这位学员名叫詹志波，我叫他老詹。他经营着一家以做钓具起家的家族企业。他的家族企业历史可以追溯到清朝咸丰年间，传承到詹志波这一辈，企业越做越大、越做越强，也开拓了非常多的新业务领域。让他收获红利的金句源自 2019 年由《家族企业》杂志主办的"创二代'传说'演讲"。

在上场前，我和老詹一起打磨稿件。对他而言，素材、故事、内容全都不是问题，唯有一个让他底气不足的困惑。他向我坦言:"小宁老师,我倒是会讲故事,但就是没有一两句给力的话能让别人记住我。"我给他支了一着:"很简单,上金句!"

金句是演讲的灵魂,而且好的金句背后折射的其实是一个人、一个企业家、一家公司对于这个行业的使命和愿景。我接着问他:"你的企业在行业里一定会有一个定位。这个定位的呈现往往是以小见大的。在你的企业生产的产品里什么东西是最小的?"

"是鱼钩。"他说,"我们的鱼钩是最厉害的,曾经的渔具生产厂商基本都是日本的巨头,后来我们制造出来的一款鱼钩卖到了全球各地,成功突破了日本的封锁。"

我们琢磨了一下,鱼钩是"小",那什么是"大"?其实,从鱼钩的故事里相信你也听出来了,民族企业家的开创精神蕴藏其中。我们的金句自然而然就有了:"鱼钩是弯的,但民族企业家精神百折不弯。"

我让老詹一定把这句话写在 PPT 上,会有奇效。第二天在演讲现场,我远远地观察,一共有 5 位演讲者,只有当老詹讲这一句的时候,几乎全场人都举起手机来拍照。我就知道,这句金句成功了!我也在结束后跟很多观众交流,我问:"你们对哪位演讲者的印象最深啊?"大家不约而同地说:"就是那个人!那个讲鱼钩精神的老詹。"

如果你的金句足够好,那么即使你的故事没被别人记住,你的金句也一定会被别人记住。后来，我在另一个活动结束后的酒会上遇到老詹，他端着酒杯走过来说："小宁老师你知道吗？从去年到今年，你帮我打磨的那句金句帮我交到了很多企业家朋友，连接了不少资源……"

如果我问起让你印象深刻的那些演讲，在你脑海里闪现的，一定有那么一两句你难忘的金句。可能因为时间的关系，你已经记不清楚演讲的具体内容了，但你总是会想起这几句金句。这就是金句的魅力，我甚至觉得，没有金句的演讲是没有灵魂的。

金句可以靠灵感，但是对普通人来说，可以依循和模仿的金句模板更有实操性。我总结了5个金句模板，你可以选择最适合你的内容和风格的模板，从而为你的演讲增色。

号召式

比如那句"做自己的英雄"。《哪吒之魔童降世》这部动画电影上映时特别火，各大门户网站、朋友圈、公众号都在讨论，好像这部电影突然变得特别值得写文章，有特别多角度可以去解读……我就在想这到底是为什么？一定是营销策略做对了什么。

看完网上的内容，我发现有两句话出现的频率非常高：一句是"我命由我不由天"，另一句就是"做自己的英雄"。这种口号式的短句既接地气又很有力量，传播效果非常好，很多网络文章的标题或者开篇的第一句都引用了。

我发现越短、越口号式的东西，越容易被大众接受、理解并传播。这就让我想起"少生孩子多种树"，"每天一个苹果，医生远离我"，"垃圾分类从我做起"等口号。这种口号都特别容易被人记住。

行动指令，说白了就是号召"让我们一起……"。它简单直接，但就是好用。

打比方

来听听这些巧妙的比喻——"像恋爱一样去工作"，"生命是一袭华美的袍"，"创业就像一边开飞机一边修飞机"……这种比喻都是金句，一句顶一万句，因为人类学习一个陌生的领域都是先从已知的领域寻找参照物开始的。我们判断一个人对一个领域的理解是否够深、够透，就看他能不能用精辟的比喻、用外行可以迅速领会的语言解释陌生的知识。

做对比

有一个固定句式比较好用，"与其……不如……"。比如：

"与其混吃等死，不如艰苦奋斗"，"与其默默无闻，不如开始演讲"……

做对比的本质是什么？我认为是中国传统文化中讲的"趋利避害"，也是西方心理学中讲的"厌恶损失"。它本质上就是在一句话中晓以利害，把利害关系做对比，利用生物本能引起人的注意，因此就很容易得到传播。

名言改编

当我辅导企业家融资路演的时候，我经常会帮内向严肃的演讲者在演讲中加上一点黑色幽默的元素，比如"不想当将军的士兵不是好司机"。

当我给企业进行职场沟通内训的时候，我为了解释上下级沟通的必要性，经常会开玩笑说："1 000个哈姆雷特眼中有1 000种老板，各位哈姆雷特，你们同意吗？"大家会哈哈一笑，拿出手机拍下PPT上的这一页，发到朋友圈。

反认知

正所谓"出奇制胜"，打破思维定式有时会带来语言上的奇效。表达的背后原本就是思维方式。我将用最快的方式告诉你，如何成为说话特别的人。

你只要用简单的逆向思维就可以轻松制造金句。比如我常常会在分享现场晒出一句话："演讲，就是要以自我为中心。"这句话引发了许多商业人士的共鸣。我们从小缺乏演讲锻炼的场合，东方人的含蓄内敛导致我们过于慢热，不敢袒露自我。而演讲的影响力往往是通过打开自我、展示自我而取得的广泛信任和追随。

金句，是最好的"拍照背景墙"（见图 2-1）。它可以让观众举起手机，用一张照片把你和你的价值自愿地发布到个人社交媒体上。正所谓"金句恒久远，一句永流传"。

图 2-1 我在线下分享里，总会设计一些金句页

现在，打开你的稿子，看看在哪些地方你可以按照以上 5 种模板添上一两句金句，让观众在离开会场后还会反复回味，帮你再次传播。

核心技巧

1. 号召式。

2. 打比方。

3. 做对比。

4. 名言改编。

5. 反认知。

标题包装：
首先做到吸引眼球

> 标题直接影响了 70% 的观众的兴趣。

　　互联网中有个词叫"封装"。封装指的是给很好的内容或产品赋予颜色、气味或者形状，说白了就是让这个内容或产品有一个吸引人的卖相。起上一个好的演讲标题就是让演讲内容的卖相更好，这个步骤是必不可少的。

　　在我帮助了 30 多家上市公司的高管包装演讲以及积累了很多咨询经验之后，我发现在构思标题这件事情上有一个可以遵循的规律：好的标题都做到了感性思维和理性思维的有效结合。

兼具专业性与通俗性

首先我们要变得感性一点儿，要突破原来起标题的理性习惯。比如说，我曾经辅导过一个人力资源专家，他惯用的出场标题是"如何通过教练的方法找到职业发展核心优势"。这个标题是不是听上去差点儿意思？它好像没有办法一下子击中你的兴趣点。

专家说话通常都是很抽象的，外行人不能理解，所以专家往往会陷入自说自话或者只能跟同行对话的境地。我当时让他换了一个说法，把主标题改成"每天盼着去工作"。这是一个很感性、很短的标题，更容易被观众记住，而且看起来很有情绪。如果符合这两个条件，它就是一个好的主标题。

接下来我们说说副标题。我们在一些行业会议或者学术会议上的演讲是需要有更专业的阐述的。这个时候，我们就可以把"通过教练的方法找到职业发展核心优势"这个标题变成副标题。这样副标题解决了专业度和准确度的问题，主标题解决了代入感和情绪的问题，演讲效果就会立竿见影。

当我们在 PPT 第一页标题页面停留的时候，我们是给这次演讲做铺垫的，其中既包含了感性的因素，也包含了理性的因素。如何把这个铺垫做好？有个小技巧。

如果在一些比较轻松的环境中，比如说线下的沙龙分享，那么这时候我们可以把副标题去掉。因为在这种场合观众的心态是没有那么正式的，大家通过一个感性的主标题可以轻松理解你的内容，所以那种比较严肃、专业的长副标题就可以省略。

突出你可以带给观众的效果

标题的核心要素是感性，那么具体要如何使标题更感性，从而让我们的演讲卖相更好呢？其实你可以借鉴商家打广告的思路去找到突破口。

打广告能让用户知道使用产品之后的效果，其实给演讲起标题也一样。想一想观众在听完你的信息、你的演讲内容之后会获得怎样的效果或者发生怎样的改变，从效果和改变入手就容易很多。比如说，有一个户外广告的口号是"××老人鞋，冬天不冻脚"，这就直接体现了产品的功能效果。

有的产品在宣传自己的时候会突出虚拟价值，也就是超越基本功能的效果，这就更高明了。比如说"人头马一开，好事自然来"，广告商把喝完这个酒以后的收获与更大、更美好的情绪价值联系起来。在听完这个广告之后，人很容易产生愉悦的感觉，这就是很高明的包装。

具体、具体、再具体

说到效果，很多人容易陷入一个思维误区：听完我这个演讲，你们能够提升自己的核心竞争力，所以我的演讲标题就是"提升核心竞争力"。不用我说你也发现了，这个标题的效果不是那么好。当你对于效果的描述太宽泛时，你是没法引起观众的兴趣的。

如何让标题具体可感？我们把标题放在一个具体的人身上或一个具体的场景中，具体的效果就出来了。举个例子，同样是提高表达能力、竞争力，我会起这样的一个标题：学会演讲，让你一分钟就能连接贵人。

这里的关键在于具体，比如具体的时间、具体的结果、具体的功效。如果我们借鉴"人头马一开，好事自然来"的效果起标题，我们可以说"做了个人 IP，客户自动上门"。也可以把你的愿景写上，比如我的愿景是"帮助 1 000 个创业者成为行业意见领袖"。

除此之外，用适当的"标题党"的方式去起标题，把广告语当中的一些技巧迁移过来，是非常好用的方法。我们去的任何一个门店或者我们在网上购买的任何一个品牌，它们的宣传语都是我们很好的学习素材。当你准备一个演讲标题时，有一个很简单的方法就是想一想你经常购买的品牌的宣传语都是什么样的，你不妨直接借鉴一下。

比如说，我喜欢人头马的广告，我的演讲标题就可以是"演讲力一开，好事自然来"，这就是一个很有冲击力的好的演讲标题。从各种宣传语里，你能找到新的灵感。把别的品牌的宣传语进行化用，你会得到一个非常好的演讲标题。

比如：

（1）商业演讲，不只是吸引。（浪莎，不只是吸引。）

（2）演讲，山高人为峰。（红塔集团，山高人为峰。）

（3）创业先上演讲课。（送礼就送脑白金。）

如果你仔细琢磨出来了一个新的标题，却担心新标题不能产生你预期的效果，那么我建议你可以做一下观众调研，用真实的反馈来测试你的标题效果。回到我们一开始说的，封装你的内容，为你的内容起一个好标题的重点在于：从用户的角度出发，通过一个标题打开想象空间。

核心技巧

1. 兼具专业性与通俗性;
2. 突出你可以带给观众的效果;
3. 具体、具体、再具体。

讲前演练：
成功需要预演

> " 很多成功的人会提前脑补自己的成功。 "

毫不夸张地说，我见过很多在演讲前演练到"崩溃"的演讲者。有的人在演讲前把自己关在一个密闭的房间里面，边踱步边背稿子，到最后背了后面的忘了前面的；有的人越练越紧张，稍有不如意，比如说肚子饿、化妆不是特别理想就开始发飙，上台前的气全散了；有的人演练到"走火入魔"，嘴里面念叨的都是书面语，比如"致力于""以……为核心""全面提升"，这一演练"话都不会说了"。

还在独自一遍又一遍死磕背稿吗？还在上台的前一天焦虑自己的手该往哪儿摆、眼睛该往哪儿看吗？在演讲之前的演练其实也有方法，别让你一遍又一遍的演练都白费了。在我看来，演讲前的演练有3个核心思路。

对人彩排

我们设想一个场景：现在你要去参加一个行业会议，你们一行人匆匆坐飞机赶往另外一个城市（我经常开玩笑说，人有的时候在高处才会想到一些好主意，所以我特别喜欢在飞机上阅读，还有讨论一些决策的事情，去想一些创意）。你可以在飞机上和你的同事讨论演讲的思路，这可能会给你带来很多灵感；你可以在演讲的前一天晚上，在酒店的酒廊里面喝一点儿酒，寻找一些感性，这也会给你带来一些不同的思路。

你甚至可以在演讲前一天的晚上，在酒店的房间里面让你的同事充当你的观众来给你做一次排练。你要逐渐把稿子扔掉，看一眼提示，就讲一大段内容。让你的同事判断你讲的每一个段落是否太长或太短，是否需要再增添一个故事或者案例，哪个地方的重点和亮点还不够，语言是不是够风趣幽默，你平常讲的那些段子和金句有没有加进去。这些都是可以请其他人来陪你完成的。

对镜练习

对镜练习是指在准备好内容之后，你在安静的状态下对着镜子的演练。这样的练习有三方面的帮助：一是你可以对着镜子去调整自己演讲的表情；二是你可以调整说话声调的高低、语气的起伏、节奏的快慢；三是你可以对着镜子做一做手势，看看自己做手势的幅度大小，还可以找到站直的感觉，让自己提防驼背，还能进行微笑练习以及确保服装得体……

现场踩点

如果有条件的话，你可以和你的同事或者伙伴一起去演讲的现场做一次演练。当我去大学演讲时，我一般会提前到演讲场地，站在阶梯教室的台阶上或讲台上，让我的工作伙伴在台下给我反馈。

我会问他："我的身姿是否挺拔？我在台上来回走动的距离是否合适？我的手势幅度是否足够大？"演讲的场地越大，你的手势幅度就要越大，不然最后一排的观众是看不清楚的。演讲的场地越小，你的手势幅度就可以越小。我会让我的同事站到最后一排，问他我的音量是否合适。我会提前找到调音的老师，请他在我演讲的时候，把我的音量放得稍大一点儿，因为我演讲时会把声音放低，这样显得我更有权威、更放松。

这种现场演练会帮助你在正式演讲的时候游刃有余，不用再慢慢适应现场，从而你的心理压力就会变小。这就是现场踩点的意义。

另外，在做完演练以后，我会去熟悉周围环境，比如当我在大学演讲时，我中午会去大学食堂吃个饭，观察有可能去听我演讲的人群是什么状态。当你看到真实可感的人群的时候，你就不会再恐惧了，因为你知道了演讲对象是谁。最让人恐惧的事情是你不知道演讲对象是谁。这就是演讲者要做的心理调适，也就是适应环境和适应人群。在吃完饭以后，我会坐在阶梯教室附近的咖啡店里面，让自己安静下来，等待下午的爆发，这也是一种状态的调整。

这一系列的演练都是为了我在正式演讲时有更好的发挥。如果你可以在演讲之前做好这3方面的准备，我相信你会是最自信、最轻松的那个演讲者。

如果情况特殊，你没有时间或机会去熟悉环境，要怎么办呢？即使你没有时间做充分的准备，你也应该利用演讲前的一点点时间，跟现场的主办方、观众进行交流。我给你准备好了几个用来交流的问题，让你在演讲前的半小时吃下一颗定心丸。这些问题是：你是抱着什么样的期待来听我今天下午的演讲的？你想获得什么？你最大的困惑是什么？你周围的人是怎样看待这一困惑的？你怎样看待我今天的演讲主题？

主办方和观众会给你两个角度的反馈，凭你的行业经验，你一定可以对你的演讲做出及时的策略性调整。

好的演讲不仅是一次精彩的发挥，也是一次充分的交流。

很多人的失误就在于他做了一次精彩发挥,但他没有与观众进行充分的交流。在现场提前跟观众沟通能够保证你的演讲内容被他们充分理解。相信经过这样的准备和调整,你的演讲会收获更好的反馈。

> **核心技巧**
>
> 1. 对人彩排;
>
> 2. 对镜练习;
>
> 3. 现场踩点。

第三章

当众演讲,练就圈粉体质

我们本该学会站上舞台，大胆地展示自我，受人关注，被人喜爱和赞美，从而在心里产生出一种"配得感"。但很可惜，很多人因为从小的成长环境，没有获得过"配得感"。没关系，在本章我们会一步一步地学习，你完全来得及做出改变。

克服紧张：
转移自己的注意力

> 紧张是'狼'，演讲就是'与狼共舞'。

关于演讲，紧张可能是你最先关心的问题。你是不是每次上台前都要经历脸红心跳、手抖心慌的感觉？首先让我告诉你一个很有趣的现象：比你强大 10 倍甚至 100 倍的人，在演讲前也和你一样面临紧张。

我们的紧张与人类的大脑结构密切相关。1995 年，心理学家丹尼尔·戈尔曼提出了"杏仁核劫持"概念。杏仁核是大脑中的情绪中枢。在危急时刻，杏仁核可以使人在最短的时间内调动全身心能量应对突发事件，这是它积极的一面。但是，它也会使人处于一种下意识的失控状态，比如突然跳起以躲避某种危险，又比如勃然大怒。杏仁核带来的应激反应很可能是不经过大脑思考的，于是我们会陷入被恐惧、愤怒等强烈情绪控制的状态——你被这些情绪"劫持",紧张自然无可避免。既然无法避免,怎么才能做到与紧张"同台共舞"呢?

抛出几个问题,现场解决,转移注意力帮你去掉表演感

解决紧张的第一个方法是转移注意力。我帮一位学员调整紧张情绪的故事,简直可以作为应对演讲紧张的解题模板。

这位学员叫六六,我一接触她就可以感受到她的雷厉风行、活泼大方。她来到我的演讲课上,睁着期待的大眼睛坐在第一排。在课程中,有一个环节是邀请大家来到台上做一个简单的自我介绍,说说自己的经历、行业。这下六六可慌了,面对台下那么多人,她的语速越来越快,脸色通红,那个自信爽朗的职场女性不见了,台上站着的是一个双手互相绞在一起、紧张到身体颤抖的小女孩。

后来她直接崩溃了,在台上坦言:"小宁老师,我是不是太紧张了,你们是不是都听不清我在说什么?不怕你们笑话,超过3个人的场合我都觉得紧张。"学员们也都笑了。这是个输出演讲干货的好机会。于是我说:"那太好了,今天我们就一起见证一下,最难克服的紧张是怎么被克服的。"

"六六,我刚刚听你介绍的是有关你业务的话题。你能告诉我们,今年你业务上面对的3个挑战是什么?你又是怎么解决的吗?"

我向她抛出了两个问题,她开始跟我们说她汇报人的增加、新业务的拓展、大型会议的增加,又开始讲她是如何思前想后、搬救兵找经验的故事……六六的语速开始变慢,她本来通红的脸也开始恢复正常,她还自然地加了一些手势和肢体动作。

故事讲完,六六回过神来跟我们说:"我刚刚讲的时候光顾着解决问题,没太顾得上自己的表现,怎么样?我还紧张吗?"大家有目共睹,就在短短的几分钟里,那个因为紧张而表达困难的六六已经可以非常流畅地展示自己了。

其实,就像六六一样,当紧张的情绪占据自己内心的时候,你可以试着抛出几个问题,再把问题一一解决。人的精力是很难兼顾多件事的,当你的注意力放在解决问题上时,你就不会过分在意自己的表现,你的表达就会更加自然。

找到认真的观众,和他互动,通过聊天打破一人背稿的窘境

解决紧张的第二个方法是互动。当六六轻松讲述自己的故事的时候,她讲到了解决新业务开拓的难题,这个难题是很多高管都会遇到的,于是我就特意在六六讲话的间隙插了一句嘴:"六六,你不信问问他们!"

这个时候六六也心领神会,她自然地点到了一位坐在第一排的女学员，简单地与她做了一个互动，女学员也特别配合地给出了自己的回应。现场的氛围开始变得更加轻松，从听六六一个人演讲到大家一起参与。经过这个小小的互动，六六的表达变得更加从容。

当你演讲的时候，你可以适当地插入一些小互动，找到那些面善、认真的观众，和他们互动可以快速地让现场的氛围变得更好，这也最大限度地缓解了演讲者的紧张，使其找到更加强大的舞台控制力。

上台前多问自己为什么，找到使命感，提前调动好情绪

还有一个可以让你忘掉紧张情绪的方法——激活使命感。"使命感"听上去有些抽象，我会告诉你如何用3个问题达到目的。

在你上台之前，你可以试着认真回答这3个问题。

（1）我今天为什么要来到这里？（我在为谁而战？）

（2）在现场我能帮到观众什么？（如何现场利他？）

（3）我想给观众留下什么印象？（如何塑造人设？）

那是2015年的一次比赛，现在回想起来它可以算是我职业生涯的转折点。在那次比赛中，我就是通过这3个问题让自己完成了一次接近完美的发挥。

我在 2010 年考进中央人民广播电台。因为在体制内的优秀主持人特别多，所以每一个岗位都是"一个萝卜一个坑"。虽然我已经足够幸运，挣得了一个对新人而言算得上黄金时段的早高峰节目，这需要我在北京大雪纷飞的冬天 5 点起床，赶 30 公里路到南礼士路的中央人民广播电台大楼直播间……但我不甘于此，想着一定要把握机会崭露头角，才能有所突破。

我等了 5 年，机会终于来了。台里面举办了一次名为"广电总局技术大练兵"的脱口秀大赛，因为平时我阅读量比较大、涉猎知识面广、思维活跃、主持有风格，所以节目中心派我去参加这一次的比赛。虽然我准备充分，但面对众多主持高手，尤其是台里经验丰富的老主持人，我还是开始紧张起来。我尽量让自己远离候场室紧张的氛围，沉浸在自己的思绪中。我问了自己那 3 个问题。

（1）我今天为什么要来到这里？（我在为谁而战？）

我为了自己来到这里，为了证明自己优异的业务水平而战。这样我就把赢一场比赛的目标，转换成了一种更感性、更有情绪的动力。

（2）在现场我能帮到观众什么？（如何现场利他？）

我不仅要展示我的业务水平，还要展示我的脱口秀风格，让其他节目中心的同事也可以感受到节目的话题性和互动感。

（3）我想给观众留下什么印象？（如何塑造人设？）

怎么样才能成功呢？我要讲究策略。前面的选手好像都很注重话题的深度和情绪上的触动。如果我想要脱颖而出，那么我一定要走不一样的路线，不如我就在欢乐的语言风格中提出一些对社会问题的深思，展示一个有思考、有幽默感的人设。

在回答完这3个问题后，我的注意力瞬间就转移了，我没有一点儿精力再留给紧张了。

话筒拿在手上，好戏正式开场。当我清楚地看到我们频道的总监，那位常年戴着金丝边眼镜、一身工作服的严肃领导在我讲的过程中笑得合不拢嘴时，我就知道我成功了。

比赛结束后，有一位名望非常高的朗诵艺术家前辈向专家评审团打听我的名字："那个小伙子是谁？能不能介绍给我认识一下，交个朋友。"通过这一次寻找使命感、摆脱紧张感的比赛，我获得了行业泰斗的赏识，我给自己打满分。

这次比赛我最终获得了台里的第二名。在这次比赛之前，我可能因为主持风趣、善于互动被很多人熟知；这次比赛之后，我优秀的业务能力又加深了各位领导对我的印象，这给后期我在体制里的发展带来了长久的助力。

下一次当你面对一些重要场合止不住紧张的时候，你可以给自己找一处安静的地方，也问问自己这3个问题，激活自己的使命感，你一定会看到奇效。人一旦把注意力聚焦到具体的问题上，就没有乱七八糟的想法了。即便你可能还是在紧张，但已经不重要了，因为你的情绪已经被使命感引导。

如果时间充分、条件允许，我们也可以把这3个问题的答案说给身边人听。在你说出来之后，他人的肯定和鼓励也会增加你的情绪能量。用好这3招转移自己的注意力，营造轻松的氛围，紧张再也不会是你完美发挥的阻力，你必能从容开场。接下来，我会再教给你几个互动"大招"，帮你在登台后快速打开局面，让观众给你情绪助力。在气氛热起来之后，你怎样发挥效果都不会太差。

核心技巧

1. 抛出几个问题，现场解决，转移注意力帮你去掉表演感。

2. 找到认真的观众，和他互动，通过聊天打破一人背稿的窘境。

3. 上台前多问自己为什么，找到使命感，提前调动好情绪。

打开气场：
找到熟悉感和掌控感

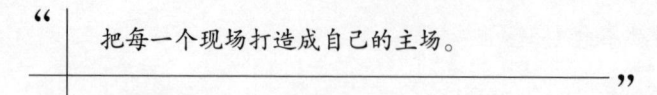

> " 把每一个现场打造成自己的主场。 "

在我的抖音粉丝数没到 100 万之前，我从没想过网上那么多人对演讲的理解是说话有气场。

根据百度百科，气场是指一个人的气质对其周围人产生的影响。那么，为什么演讲中气场很关键？因为演讲的气场越强，越可以制造影响力。

如果你能克服紧张，你就已经是一个 60 分的选手了。如果你在上台之后能和观众聊两句并进行简单的互动交流，那么这个演讲的开场就是 70 分。接下来我们的重点是如何让演讲者达到 80 分甚至 90 分，将交流的状态持续下去，让观众快速了解你、喜欢你、信任你。

在我见过的演讲者中，有 60% 的人都是因为对气场的理解不正确，最终影响了演讲表现。他们很努力地想展现出自信和掌控感，甚至刻意表现得很强势、威严，试图扭转台上台下两方的地位，建立自己的权威感，但这注定是适得其反的。观众此时对演讲者的感知只有紧张和不接地气。

很多颇有建树的企业家、上市公司的高管私下告诉我，自己对交流有顾虑，担心镇不住场子，但又知道背稿子并不是最好的选择，想要轻松驾驭演讲却又没有方法，所以一直很困惑。于是，我给他们提出了一些建议，解开了他们心中的疑惑。

制造熟悉感，打造自己的主场

演讲者通常认为，气场源自于地位的差距。在演讲当中，你往往也会下意识地寻找这样的气场，却总是弄巧成拙。

在我的商业演讲体系中，我强调的始终是用交流替代演讲。在这个体系下，气场不是我们抬高自身地位让观众仰视，而是在平等沟通中让每个观众感受到你的掌控感和专业性。

我们在演讲这件事情上如何打造主场呢？如果明天你要在一场行业大会上做演讲，那么你可以提前一天带上同事去一趟会场。和调音师傅聊聊天，寒暄一下，可能他会愿意帮你打开音响，给你个麦克风试试音。这时候你就可以到舞台上去试讲，让同行的人提些建议，比如自己的音量如何，手势幅度够不够大等。

同样的道理,如果明天你要在大学进行演讲,你就可以提前去学校附近走走,吃个午饭,熟悉一下环境。还记得我们前文讲过的要点吗?熟悉感能带来自信。这是一个很神奇的心理学现象。比如我们去一个未曾去过的目的地,去的时候可能觉得很慢,回来的时候觉得变快了,这就是所谓的"轻车熟路"。

假设同样一个场合有不同的演讲者,那些从来没上过台、对这个场景陌生的演讲者更容易感觉紧张。而如果你提前来过演讲场地,提前试验过、熟悉过,甚至和调音师聊过,给工作人员带过小礼物,你就更容易把这里打造成自己的主场。

当我给学员进行演讲辅导的时候,我会与他们一同参加会议,完成从演讲策划、执行到复盘整个流程的服务。我会带他们去熟悉场地,这是我辅导过程中的一个重要环节,这个环节是为了帮他们制造熟悉感,找到主场的感觉。这会使他们最终站在舞台上的时候,明显比其他演讲者更有气场。

这个问题恰恰是很多演讲者没意识到的,因此他们的演讲策略从根本上就出错了。"总想装成'大老虎',结果上台唬不住人。"你会看到很多人一脸严肃地登场,用非常正式的措辞去讲,以为这样可以打造气场,实际上观众感受到的却是这个人身体紧绷、非常紧张,内容也是照本宣科。

这种模式造成的更严重的后果是,演讲者和观众会陷入对抗的状态，观众要么选择对抗到底，屏蔽演讲者的内容或者反感对方，故意挑刺、提难题，要么选择直接逃跑，开始默默玩手机或者直接走人。无论哪种结局，都不是演讲者想看到的。

开场先互动，了解观众真实诉求，开始解决问题

我们需要重新梳理自己的演讲策略，一开场先跟观众交流他们的需求。观众首先感受到的是你的坦诚自然，尤其在几百或上千名观众的面前，你的放松和自然会让每一个人都感觉你游刃有余，而这恰恰就是舞台上最重要的掌控感。所谓气场，就是我们解决问题时忘我的样子。

很多专家就是在这里出了问题，他们会认为演讲就是要自我表现良好，给观众留下好的印象，于是他们开始时时刻刻注意小细节，却丢掉了最重要的"利他状态"，陷入紧张，自我较劲，忽略了观众的需要。实际上，所有有气场的演讲者都是在舞台上保持专注的人。他在舞台上是一个专注于解决问题的形象，是专注于帮助别人的演讲者。他专注于表达和给观众传递思想。这种专注会产生一种令人信服的效果。当一个人全心投入的时候，他的演讲水平就已经是 80 分了。所以，专注于解决问题的人拥有气场。

调动情绪，上场前引入优质能量

快速提升气场需要你调动情绪。根据我多年的演讲辅导经验，这个方法对初学者几乎是最重要、最快见效的。

演讲有"黄金30秒"，对于这30秒的使用，我从辅导学员的过程中总结出一些经验，你即使没有经受过任何语言训练，也可能曾在演讲中创造出一些精彩时刻。

通过问询和调查，我发现大家在讲述自己的亲身经历时最忘我。这时候，你稍加运用技巧就可以在演讲中表现得很好。一旦规定演讲主题，演讲者的演讲效果就会大打折扣。这说明什么问题？当讲述自己亲身经历的时候，人会回忆起自己当时的体验和情绪，所以能自然而然地讲得很好，我把这个时刻叫作"心流时刻"。那么如何把这种优秀的状态转移到更多的演讲情境中呢？

先举个例子。有一些需要同时兼顾事业与家庭的创业者，我发现这个群体往往在重要的谈判、演讲之前都会跟自己的家人进行视频通话，哪怕只有几分钟。这几分钟对他们当天的工作状态和演讲效果都会有很大的帮助。

在重要的演讲之前获得家人的加油鼓劲、朋友的祝福和宽慰，演讲者的情绪就能得到提升。有了一个好的状态，演讲者就不难达到"遇水搭桥，逢山开路"的效果。这就是通过情绪调动帮演讲者提升能量值，不管是为了证明自己、为了家人，还是为了获得认可，都能够成为演讲者气场的来源。

优质的能量、坚定的使命感会让我们一上场就闪闪发光。

> **核心技巧**
>
> 1. 制造熟悉感，打造自己的主场；
> 2. 开场先互动，了解观众真实诉求，开始解决问题；
> 3. 调动情绪，上场前引入优质能量。

巧妙互动：
营造氛围轻松的现场

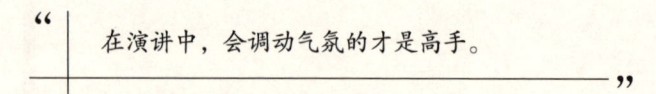

> 在演讲中，会调动气氛的才是高手。

在前面的章节里，我们提到过互动，这是一个可以帮助演讲者快速进入轻松氛围、自如发挥的方法。在本章节，我会给你提供互动的方法工具箱，它适合不同场合，包括不同话题，你随时拿来就能用。

利用道具，快速调动现场气氛

我有一位在传统行业工作的女学员，她在稀土永磁行业深耕了18年，我们都叫她"稀土磁姐"。大到军事技术、新能源汽车，小到手机扬声器、女士皮包的磁扣……用磁姐的话说，我们人类无时无刻不生活在一个"磁"的世界里。

虽然磁技术的应用范围特别广，但是它在女性品牌中的应用还是少数。后来，磁姐利用稀土永磁的技术做了一个产品——磁扣丝巾，也就是利用磁吸固定丝巾做出造型。她需要帮这个新产品快速打开市场。后来，她来到了我的课堂。一开始上台的时候，磁姐讲了很多专业技术，讲到了磁技术在航天、飞机、高铁上的运用，这让我们对她刮目相看。但我在观察现场后发现，她和观众之间几乎没有互动，因为这个技术对普通人来说实在是太陌生了，观众压根儿就没感觉，大家该玩手机的玩手机、该理头发的理头发。磁姐作为行业专家在台上讲得满头大汗，我非常替她着急。后来我就给她出了个主意："下次演讲的时候，你就把你做的丝巾带来作为道具。"磁姐特别爽快，一口答应："那没问题，我送每个人一条丝巾都没问题！"

当第二次上课时，磁姐带来了她的丝巾，还没等她上台，她就被那些女学员团团围住，大家就由这条磁扣丝巾开始了聊天，所有人的好奇心和注意力都被丝巾吸引了。我还给磁姐支招："上台以后，你可以找个女学员，给她做一个丝巾造型的小教学，再开始你的正式内容。"果不其然，现场的氛围一下子被点燃了，磁姐自己的演讲状态也打开了。凭借一件小道具、一个小设计，原本对话题不太感兴趣的大家都被牢牢吸引住了。你如果也有自己的产品，那就把它直接带到台上，这比空口讲述要有趣很多。

但如果我没有自己的产品或者我的产品不方便展示,我该怎么办呢?我也有一招。

在一次线下的交流活动中,有一位做古董收藏的朋友问了我一个问题:"小宁老师,如果我要去讲我的故事,我该怎么使用道具呢?我的那些瓷器、书画、造像可太多了,但有的大件不方便携带,有的价值太高,我带了会有一定风险。"

我当时就给他出了一个主意:"你去各个地方采风、寻访的照片你都留着吧?你跟传承人、收藏家会面的照片,以及有些藏品的历史沿革的图片资料你都有吧?你把这些照片都整理一下,做成一个开场短视频,在以后每次演讲前播放,把这些重要的画面、时刻通过视频展现给观众,再跟他们讲述你发生的奇遇、收获的感受,观众的共鸣一定会强很多。"后来这位在古董收藏界颇有名望的前辈真的按照我说的方法去做了,他给我的反馈是:"小宁,感谢你提升了我的语言魅力!"

你看,巧用道具做开场互动,无论什么形式都可以,这就是你"出场就热"的秘密。

学会提问,使用多选题 + 简答题

我们会发现,很多时候台下的观众并不是对演讲者带来的演讲不感兴趣，他们可能只是因为情绪没有被调动起来，还处在没被唤醒的状态里，还没有准备好进入演讲的正式内容。所以，我们在开场的时候还要注意"唤醒观众"。

怎样唤醒观众呢？尤其是对内向的演讲者来说，有没有合适的练习方式呢？结合前面所讲的，我们可以先通过问观众问题的方式来进行互动。问好问题，演讲就成功了一半。

我们也看过很多看似热闹、实则假大空的电视采访和成功学演讲。在这些演讲过程中，当演讲者一直问台下的观众"是不是，对不对，好不好"这样过于简单的问题时，观众就会觉得这场演讲毫无价值、低级乏味，因为这类问题并不能创造足够的信息价值。

那么什么是好的问题呢？有一次我去北京的某个教育展做演讲，在这次活动中我遇到了一位知名的幼儿园园长。她穿着棕色的套装，戴着金丝边的眼镜，微微花白的头发也烫得整整齐齐，给人一种专业、有涵养又不失慈爱的感觉。她在整个演讲过程中感情充沛，和台下家长互动愉悦，现场气氛十分轻松。她在这次演讲过程中问的一个问题引起了我的注意。她是这样问的："我想请问在座的各位家长，你们家孩子最喜欢的是什么颜色？为什么？"

这里我们要注意，她其实提了两个问题。我们可以想一下这样的问题和"是不是，对不对，好不好"问题之间的区别。

这种问题的答案是多样的，而不是单一的，其能直接带来个性化表达的机会，这恰恰是激活观众的最佳"诱饵"。

现场马上就有一位家长站起来说："我们家囡囡最喜欢紫色了，因为她最喜欢《冰雪奇缘》，她每天都要穿成小公主安娜的样子，披着紫色的袍子。我们带她一起坐雪橇，去看过紫色极光；我们一起去过祖国的最北端，看过紫色的霞光……"这位家长的一番发言也获得了满堂彩，为这位园长的演讲加分不少。

我想，这位园长一定是一个演讲高手，她成功地用一个开放性的问题活跃了现场的气氛，让观众自己给演讲增添了内容价值。以后你在上台之前，不妨也下功夫设计几个问题，让观众参与你的演讲。

巧用案例，建立情感连接

在我们互动的过程中，效果好的时候可以带动全场，但也要准备好面对没有观众响应的尴尬境地。这个时候演讲者需要再加一把火，给现场增加一些温度和情绪，让现场的观众更愿意开口说话。

曾经有一次，北京某大学邀请我去做一个有关提升表达能力的分享，我在分享的过程中讲了很多方法和技巧，但是学生们对我一直没有太好的反应。我估计这是因为我作为面向商学院、企业家、创业者的老师，在大学生群体中没有熟悉感，没有让他们产生互动的意愿。

我意识到如果不及时调整我的内容，我的讲课效果会越来越差。于是我打了一个岔，开始给大家讲起我学生时代的故事。我讲到我如何从广东珠海拖着两个行李箱跑到北京，用 10 天的时间通过一层层的艺术生考试，最终成功考进中国传媒大学新闻播音主持系的故事。一个故事说罢，我明显感觉到现场的这些学生对我的认同感有了提升。我讲了一个跟大学生观众群体近似的案例，和他们建立了情感的连接，当我再次进行互动的时候，学生们一改之前的沉默，变得特别积极。气氛暖了，后面的课就好讲了。

最后，再给你一个我自己常常在上课中运用的方法，作为这一小节的锦囊，让你轻松掌控开场互动。当线下上课的时候，因为堵车、临时有事，学员们的到场时间都不一样，所以为了保证内容的完整性，一般课程总会比预计的迟 5~10 分钟开始。因为大家彼此都很陌生，在这段时间空当里，基本没什么人说话，现场的氛围比较沉闷。这个时候，我总会做两个动作开启互动，让场子暖起来。

第一，对离我比较近的学员，我会主动问他们一些问题，比如：你是从哪儿过来上课的呀？是坐飞机还是坐高铁来的呀？

哦，你从北京来，那你感觉杭州和北京的创业环境相比怎样啊？

在这样的问题里，很多人会找到自己也想要回答的、共性的问题并加入讨论，很多开朗的学员也可以拿到话题的主导权，让更多的人参与交流。

第二，离我较远的学员，我也不会遗漏，我会随机点出一两对学员，让他们站起来认识一下、互相交流，打破陌生与尴尬。在话匣子打开之后，周围的人也会主动地开始介绍自己、认识新朋友。这个时候，我课前暖场的互动目标就达到了，我也会悄悄离开讲台，为接下来正式的登台做好充满仪式感的准备。

以上三个互动的技巧和开场锦囊，你只要用好一个就非常加分了，如果你能够在不断的练习中把方法融会贯通，那么不管是什么场合、面对什么样的观众人群，每一个舞台都会是你的主场。

核心技巧

1. 利用道具，快速调动现场气氛。
2. 学会提问，使用多选题+简答题。
3. 巧用案例，建立情感连接。

临场反应：
面对问题的拆解能力

> 表面上是即兴发挥，本质上是应急机制。

你可能会羡慕那些临场反应一流的表达者，他们可以把场上的任何一个"包袱"接住，把每一个传过来的"球"打出漂亮的回旋。这是天赋吗？他们的语言能力天生就如此强大吗？其实，通过问题归类的方法，所有的临场反应都有章可循。

我曾经做过访谈节目，一般这种对话类的节目都特别需要能碰撞出思维火花的主持人和嘉宾。有一位长期做客我的节目的嘉宾，我们俩在一块儿录节目的效果都特别好，收听率特别高。他就是职业生涯规划专家、职引网 CEO 王新宇，他非常风趣幽默。但有时他喜欢给我"挖坑"，比如，我夸赞了一同做节目的美女嘉宾，他就会调侃我，说我对美女格外关照。

虽然我知道这是开玩笑，但是我意识到节目里不能总是出现这种调侃，毕竟那时候我还在中央人民广播电台工作，主持人需要对节目的尺度有所把握。前几次我就只能尴尬地随意回应，后来我苦思冥想，终于想到了一个解决方案——问题归类、做好预案。

我把新宇兄经常调侃我的这类问题归为"男女问题"。之后但凡出现同一类问题，我都用一个核心的思路来回答，这样无论在什么场合，无论是谁在提问，我的临场反应都会很快、很自然。我想出了一个轻松幽默的回答："你不仔细看对方，怎么知道她是美女呢？"

果然，下一次当我面对这个"坑"的时候，我就用这个回答成功化解了尴尬。我的战术是，面对尴尬的问题，把问题抛回给对方，对方就不会再跟你纠缠了。

通过问题归类、做好预案的方法，我把经常会遇到的问题都认真准备了一番，并且不断地更新、积累。在后来的主持生涯里，我的临场反应都很快，也因为这一个业务优势，我在台里获得了多个主持奖项，还获得了很多大咖的关注和赞许。一个困扰我许久的问题，通过我的方法总结和刻意练习，变成了我自己独特的优势。

如果你也想成为一个在台上游刃有余、反应迅速的演讲者，那你可以试试这个方法：把所有的问题归类，然后给每一类问题提前设计一种回答思路。在别人提出一个问题后，你的第一反应不是去直接回答这个问题,而是首先思考这个问题属于哪一类,然后自动触发相应的回答机制,这样你就能从容应对。

练好临场反应对演讲者而言是一招杀手锏。一些问题引起的尴尬可以通过临场反应巧妙破解;临场的出色发挥也会让观众感受到你的自信和自如,特别是在商业演讲中,可以让观众感受到你的真诚和实力。

我在辅导一些企业创始人做个人 IP 和短视频的时候经常说:"念稿的老板通常都做不好自媒体。"而那种沟通自然、能够临场发挥的老板就会显得更真诚。真诚塑造的是信任,而信任才是传递商业价值的基础。

除了"问题归类、做好预案",还有几个很好用的帮助你提升临场发挥水平的方法,如果你都能掌握,你一定是全场最从容的演讲者。

当遇到友好的观众和轻松的氛围时,大部分人都可以发挥良好,但往往出现在观众席上的还会有"大佬""刺儿头""杠精"。如果你在思维方式和语言表达上没有足够的应对经验,他们轻则会分散你的注意力,重则影响你的演讲节奏,最坏的情况下,甚至会使你下不来台,形象全无。

我曾经就在很多场合遇到一个让人尴尬的问题——"小宁老师,你做演讲是不是很赚钱啊?"虽然这可能是对方的无心之举,但是大家都知道在那样一个场合,这个问题不太合适。

场上出现了短暂的安静，气氛眼看着要冷下去，还好每一次我都很好地回应了，我用的就是以下几个方法。

（1）面对尴尬的问题，一笑了之。

如果提问者比较友好，提出的问题没有那么冒犯，那么你可以尝试用幽默的方式回答问题。针对刚刚提到的让人尴尬的问题，我会说："哎呀，不多不多，也就赚了不到一个亿。"稍有些情商的观众都可以听出我在开玩笑。这句话不仅可以回避对方的问题，还能带来轻松幽默的气氛。

（2）面对跑偏的问题，正面回答，创造价值。

面对跑偏的问题，我们需要"反客为主"，把问题引导到对自己有利的方向上。比如面对与我的收入相关的问题，我会回答："我听出来了，你是不是很想了解培训行业，比如现在你自己的这个行业怎么做培训？正好，这方面我在行，回头我们交流一下……"看上去我在回答问题，其实我把他的问题拉回到了我熟悉的领域，还深挖了这个问题的价值，顺便又给自己"打了广告"。

（3）面对没有准备的问题，集中答疑，给自己思考时间。

如果你真的遇到回应不了的问题，作为演讲者，你一定要冷静，不要激动，不要落入一些恶意观众的陷阱，不要着急辩驳。你可以这样回复："感谢提问，一会儿会有一个集中答疑的时间，到时我们再交流。我先把准备好的内容给大家讲完，最后再集中回答大家的问题,好不好?"只要现场大部分观众觉得好,那你就迅速进入下一部分内容。这实际上是给自己一个思考和回应的时间,我把它称为"问题停车场"。

(4)面对有压力的问题,"一对多"转化为"一对一",私下解决。

我们还可以设想更极端的情况:挑战者抢话筒,或者观众突然站起来不断追问甚至有意挑衅。如果我们遇到这种不依不饶的提问者,我们可以把"一对多"(公开提问)的情境转化为"一对一"(私下提问)的情境。这叫作"大事化小"。

你可以说:"我感觉你对我们的事业特别感兴趣,想为我们提供帮助。为了不耽误大家时间,你可以找我的助手。"这是一个非常聪明的终结动作。

作为商业演讲者,你在现场一定要有终结问题的能力,不然你就会很容易被别人干扰。所谓控场,其实真正考验的是一个人面对问题的拆解能力。语言只是表象,关键在于语言背后的思维。

还有一种大家害怕的演讲舞台困境:台下观众里有前辈和"大神"。这时演讲者往往会担心自己表现不好,成了"关公面前耍大刀"。在这种情况下,也有一些技术性的操作能够帮助我们掌控场面。

前辈一般都是比较宽容的,但也不排除有些人会故意问一些显示自己的水平同时又刁难演讲者的问题。在这种情况下，我们要找到自己和前辈之间的差异点。比如，你可以强调自己和目标客户的匹配度，前辈是行业大咖，其服务对象主要是大客户，而你是服务中小客户的，你更懂中小客户，而且你的收费和服务性价比很高。用自己的逻辑掌控演讲，这就是商业自信。无论你面对多少不确定性和挑战，你都不用慌。

核心技巧

通过问题归类，提前做准备，把临场发挥从"天赋"转变为人人可得的"能力"。

1. 面对尴尬的问题，一笑了之。
2. 面对跑偏的问题，正面回答，创造价值。
3. 面对没有准备的问题，集中答疑，给自己思考时间。
4. 面对有压力的问题，"一对多"转化为"一对一"，私下解决。

舞台基本功：
为表达额外加分

> 容易被人忽视的地方藏着打造优势的机会。

如果你按本书目录看到这里，那么你的演讲内容一定已经非常完善了，你可以准备上台检验自己的学习成果了。这一章节的内容是你在候场时使用的锦囊，它告诉你怎样通过声音、手势、肢体的练习给你的演讲加分。学会这些技巧，你的表现力就会提升 20% 以上。让我们开始吧！

声音塑造

什么是好的声音呢？我给大家举个例子，我就读于中国传媒大学新闻播音主持系期间，我的导师是马桂芬教授，她教过罗京、李瑞英、康辉、欧阳夏丹等知名主持人。我曾问她：

"在您看来，什么样的声音是好的声音呢？"导师回答："我们在初试已经听过考生的声音了，对其有了初步的印象。当复试的时候，我们听见走廊里考生的声音就知道是谁到了，这样的声音就是好声音。"我继续追问导师这句话的含义，她说："这就是声音的辨识度。在中国，唱歌好听的人不计其数，但在最后成为巨星的人里，大部分人都是因为唱歌的声音和腔调很有特点，容易被人记住才容易走红。"

我恍然大悟。之前我以为好听的男声就应该雄浑宽厚，好听的女声就应该清脆甜美，其实不然。我们作为普通人，学会放大自己的声音特点就够了。如果你的声音比较甜美，你就不用刻意追求知性，但如果你的声音比较沙哑，那么或许你走知性路线更有可能成功。

明确了这个认知，我们就不用再纠结于自己的普通话是否足够标准、声音是否足够洪亮。无论什么样的声音都是演讲者在舞台上能够利用的最有力的武器，它可以帮助演讲者控制内容节奏、调动观众情绪。那么，如何将声音的作用发挥到最大？下面是几个大家都会遇到的"声音难题"。

（1）演讲的时间长了，容易嗓子哑，如何调整？

有的人的声音可能确实弱一些、小一些，我建议这类人把话"喊出来"，把声音打开。

当我在中国传媒大学上学的时候，我每天早上是要赶早练声的。我们一拨人天天在楼下"吊嗓子"，来保持自己的声音状态。我建议大家早上醒来，先打开一篇新闻报道，大声朗读5~10分钟，经过这样的练习，你的声音就会被打开。这个练习还可以帮助你开启一天的声音状态，找到声音的位置。比如，你早上有个早会，如果你能在家先练习打开声音，那么你在主持会议的时候会显得更有精气神。

通过这样的练习，你的音量的确会提上去，但是又产生了一个新的问题：长时间靠"喊"来发声，很多人会觉得嗓子累，经常一场演讲下来声音就哑了。

实际上，这个问题是因为我们提高音量的同时没有使用正确的呼吸方式，导致气息支撑不足，也就是不会用丹田运气。也许你曾经听很多老师提到过丹田运气的方法，但是你怎么都摸不到门道。我有一个可以快速学会丹田运气的方法，让你用气息支撑几个小时的演讲而不累、不哑。你可以回想一下当你用力搬桌子、抬床垫时不由自主地发出的"嘿"的声音，其实这就是丹田运力的效果。丹田大致在肚脐下方二指距离的位置，也就是小肚子的位置。当我们边说话边"托"着气息往外送的时候，我们的发声效果是最好的，这个送气的过程就是丹田运气。当搬桌子、抬床垫的时候我们就很容易找到这种感觉。通俗地说，就是当你平常大声讲话的时候，你要能感受到小肚子微微用力。我经常跟学员们说，在演讲时要感觉到"肚皮像张鼓，始终有弹力"，找到一种控制的感觉。如果你讲话时间长了，觉得小肚子有点儿酸胀，就说明你做对了。我们一旦掌握了这种小腹用力的方法，就能够长时间在舞台上大声讲话而且嗓子不哑，也会更有安全感。

（2）吐字含混不清，如何改善？

播音员说话和普通人说话的最大区别在于清晰度，听新闻时我们不看字幕也可以听得特别清楚。怎样才能提升吐字的清晰度呢？

吐字清晰的核心在于两个维度，一个是唇齿的力度，另一个是舌尖的力度。唇齿的力度其实就是嘴唇和牙齿的配合度，也就是在发声的时候嘴唇和牙齿是否可以配合得好。我们可以通过练习一些包含"开口音"的绕口令来提升唇齿的配合度。

"开口音"指的是发音里带"a"音的，比如"爸爸""妈妈""娃娃""笑哈哈"。一个很典型的开口音绕口令：

八百标兵奔北坡，
炮兵并排北边跑，
炮兵怕把标兵碰，
标兵怕碰炮兵炮。
八了百了标了兵了奔了北了坡，
炮了兵了并了排了北了边了跑，

炮了兵了怕了把了标了兵了碰，

标了兵了怕了碰了炮了兵了炮。

——绕口令《八百标兵奔北坡》

舌尖力度则可以通过练习舌尖触碰牙齿的发音来提高，最经典的练习是包含"d""t"音的绕口令，比如：

调到敌岛打特盗，

特盗太刁投短刀。

挡推顶打短刀掉，

踏盗得刀盗打倒。

——绕口令《打特盗》

你可以把以上两个绕口令记录下来多加练习，特别是念到"a""d""t"音的时候注意用力，你的发声会越来越清晰。

（3）说话语气太平淡，没有感染力怎么办？

解决这个问题有三招。第一招是提起苹果肌，也就是颧骨前的脂肪组织，让你的声音变"暖"。声音也分冷暖，而且声音的冷暖度是可以调整的。播音员和主持人为了提升亲和力，会做一些刻意训练来提升自己声音的暖度。怎么做呢？你可以试着在说话的时候把苹果肌提起来，也就是找到微笑的感觉，你会发现自己的声音变暖了，更有感染力了。

第二招是在语句里加入一些"气声"。回想一下我们给小朋友讲话的语气："很久很久以前，山上有一个老爷爷……"当我们给小朋友讲话时，我们的语气不会像平时跟成年人说话一样平淡，而是会加入一些"气声""虚声"，给声音增加一些气息，制造悬念感和神秘感。这种"虚实结合"的发声方式在夜间电台节目里也经常能听到，即使只闻其声，你的注意力也会被主持人吸引，情绪也会被调动。

最后还有一招：当讲述的时候，记得"声调有高低、语速有快慢、长短句结合"。有的大学教授在讲课过程中都保持同一个声调和语速，即使内容再好，学生听了还是犯困。相反，家里的保洁阿姨说起自己的精彩见闻来，那叫一个绘声绘色，声调高低起伏，语速时快时慢，让人听得津津有味。

当我辅导很多学员做自媒体的时候，我发现受教育程度和专业水平很高的学员往往喜欢用高度概括的长句来表达，这很容易让观众感到枯燥乏味。反观那些娱乐博主或者美妆博主，他们拍视频用的都是短句，这就让观众感觉特别简洁易懂。当你发现自己的句子越来越短的时候，就证明你的表达越来越成熟了。

回顾这一节的内容，我们首先明确了好声音的定义，然后讨论了如何锻炼气息，让自己声音的续航能力更强，最后探索了如何让我们的吐字变得立体、清晰、有感染力。如果这些要点你都能做到，那么你的演讲气场会更强，表达效率会更高。

手势配合

我常常挂在嘴边的一句话是"从登台演讲到登台领奖"，也就是说当演讲的时候，高手可以找到一种自信满满、气场十足的状态，从上台演讲之前就很有"范儿"，仿佛上台是为了领奖。想拥有这种"范儿"诚然要靠长年积累，但也有一种更快捷的方法可以让你更像一个高手，那就是管理好自己在台上的手势。

有40%的演讲者会忽略身体语言的重要性，他们站在舞台上从开始到结束都是同一个姿势。这种演讲方式会显得人很呆板，毫无吸引力可言。以下是我从这几年的演讲辅导中总结出的经验，你每次上台前可以再对照着提醒自己一下。

（1）上台第一件事：把你的手抬起来。

如果你总是笔直地站着讲完一场演讲，下台之后才意识到自己忘记做手势了，那么请记住我给你的第一个建议——早一点儿把手抬起来。在你演讲的前3句话之内，你一定要抬起手来做一次手势，这是一条铁律。如果一个演讲者能在前3句话之内记得做手势，那么他这一整场演讲就都会记得使用手势。

这里有一个很有趣的现象：当一个不太擅长演讲的人把手

抬起来时，他就很难再把手放下了。因为不自如的人很难切换状态，所以当他把手抬起来时，他就会很难找到机会再把手放下，就只能一直做手势。这会让很多初学者感觉到，把手抬起来好像也并没有什么问题，从而被动地战胜了恐惧。他在得到了观众的点头示意等一系列良好的反馈后，就能更大胆地做其他手势。

（2）肘关节弯曲90度，手指舒展。

把手抬起来之后，到底要摆出什么手势呢？我有一个万能的手势给你参考，把你的肘关节弯曲90度，这样会显得更有开放性，让你更像一个演讲者。

另外，在舞台上做手势还有一个需要关注的细节。有时候演讲者感觉自己已经足够自信地做了手势，但在观众看来他的动作仍旧是不够自信、不够有力的。造成这种情况的原因是什么呢？这往往是因为演讲者在做手势的过程中手指不够舒展。我们可以看到，有些人做手势的时候，手指是弯曲的；而有些人做手势的时候，手指十分舒展。这两种手势给别人传递出的信息和力量有很大的差距。

（3）抬手、放手，交叉使用。

在学会了手势之后，你要注意千万别一直做同一个手势，抬手和放手要交叉使用。我们可以想象，完全不使用手势和整场都抬着手演讲，这两种表现方式都算不上自然。

（4）数字手势和邀请手势非常好用。

如果基础的手势你已经可以应用自如了，我再教给你进阶的一招——使用数字手势和邀请手势为你的演讲加分。很多成功的演讲者，比如乔布斯就特别喜欢用数字手势。数字手势会让别人感觉你是一个很有逻辑的人，从而增强你的说服力；而邀请手势的作用在于它可以让观众感受到演讲者的善意，观众对演讲者的信任感也会随之而来。在我们熟知的知名企业家里，俞敏洪在演讲、直播时就经常用邀请手势。

还有一些企业家，比如王石，他们的个性很强势，他们在演讲过程中大都手心向下，这代表了控制。有一些互联网创业者，比如脸书公司创始人马克·扎克伯格这种技术出身的企业家，他们的演讲习惯是手心相对，这种手势传递出的是精准、高效。再比如文化教育、人文社科这类领域的成功人士，他们在演讲的时候常常是手心向上的，这是送礼物式的手势，代表了演讲者想把自己的思想、产品当作礼物送给自己的客户，送给这个世界。这些不同的演讲手势背后代表的是不同的人设。

如果你在演讲过程中想表现得专业、权威，你可以做很多有坚定感的动作，比如单手指天、单手握拳、大手一挥等手势。如果你想表现得自信，你可以多做一些邀请、互动式的动作，把手伸向你的观众。演讲者敢于在舞台上互动，才能自然地散发自信。如果你想要表现得有亲和力，你不妨多做一些和观众联结的动作，比如用手在空中划弧线，把自己和观众联系起来，这样就能拉近你与观众之间的距离。前文提到的送礼物式手势也能产生类似效果。

总体来说，手势的种类并不重要，它与你想要在舞台上塑造的人设形象有关。手势只是在特定的情况下帮助我们更好地树立人设。我们的演讲内容是富于变化的，可能每句表达都不相同。当你敢于做手势的时候，你会发现手势会跟着你的讲话内容产生变化。

刚开始的时候我们可以针对手势做一些强化练习，但是慢慢地，我们的目标还是要回到自然无意识地做手势的状态。当你的手势是训练过的，但是又和自己的演讲内容对接不上的时候，就会出现"表演的矛盾"。你的内容和你的身体反应不一致，这会严重阻碍演讲者投入地跟观众交流。所以，你只要适当地进行手势练习并在舞台上大胆地做手势就可以了。

当进行演讲手势训练的时候，我们可以把手机支在面前录一段演讲视频。在这个过程中，练习我们前面所讲的内容。当回看视频的时候，我们要检查自己是否在 3 句话内做出了手势，以及是否存在动作不自然的问题。发现自己的问题，然后进行有针对性的反复练习，直到自己满意为止。

形体管理

关于形体，首先我们要先理清一个误区。很多人会模仿优秀的演讲者在舞台上"来回踱步"，大家都以为像乔布斯和罗永浩那样在台上随意地踱步会显得人很轻松、有范儿。但当现场实战的时候，大部分人对于"来回踱步"是驾驭不好的，反而会弄巧成拙。因为，演讲者需要具备较高的表演天赋，才能通过这种演讲方式达到很好的效果。所以，对大部分的演讲初学者来说，我更建议你站稳了再讲。

站稳了，并且记得不要晃动。毫不夸张地说，我指导过的学员中，40%的人都有在舞台上晃动而不自知的习惯。如果你想要走动，那么你可以选择暂停讲话，走动到目标点，站定后再继续。而不要出现边走动边讲话的情况，这样给台下观众带来的观感是极不稳定的。

其次，请记住一句话，"手动腿不动，腿动手不动"。我们前面讲了怎么通过做手势给自己加分，很多学员也非常认真地在演讲中进行实践，边做手势边走动，但这个时候就会显得"眼花缭乱"，容易破坏你的专业度和稳定度。

做到了站稳，我们再来聊聊站姿。站姿是第一时间就被观众看到的，它会影响演讲者留给观众的第一印象。演讲者双脚分开的距离尽量不要太宽。我们可以想象，如果一个人为了凸显自信而在舞台上将双脚分得太开，这个形象是不是更像健美运动员而非演讲者。那双脚分开的距离是多少合适呢？我们可以选择与肩同宽的距离，或者女性演讲者可以选择小于肩宽的距离。女性的身体曲线本身就很柔美，你只要站直就可以呈现出赏心悦目的效果。

说完了双脚的动作，我们再来讲讲上半身的肢体语言。一个关键词"放松"，放松就是要打开肩膀。当你打开肩膀的时候，就像做扩胸运动，你会自然地上抬小臂，使大臂和小臂形成90度，这样你的手会很自然地放在腹部。此时此刻，我们从头到双臂就能够形成一个黄金三角形，这就是舞台形体当中的"黄金三角法则"。当你架起手站立的时候，你就是一个分享者、演讲者的姿态。手肘关节弯曲，双手架起，拉开架势开讲就可以。这也是一种身体语言信号，它告诉观众你已经准备好开始进行分享了。

以这种姿态站在舞台上，你即使不说话，也很像一个有经验的演讲者。这种形体会让观众感受到你的稳定、专业、放松、自如且自信。此时，你通常是双手叠在一起的姿态，但如果你想在舞台上表现出更强的气场，你可以把双手的5个手指相对，做一个手指向前的尖刺状。

总的来说，站在舞台上演讲，我们的身体有三个部位要用力。第一是脚底要站稳，想象一下自己不穿鞋时双脚站在地板上的感觉；第二，腰要用力，挺胸收腹，肩膀打开才显得更舒展；第三是我们前面讲过的，手指要用力。

做到这些，我们就能够以优美的形体姿态在实战演讲过程中给观众留下良好的第一印象。大家不要小看对形体表现的调整，它会让你在舞台上极大地提升演讲气场。

核心技巧

1. 声音塑造；

2. 手势配合；

3. 形体管理。

即兴演讲：
手握方法毫不怯场

> 抓住每一次当众讲话的机会，让措手不及变成从容不迫。

在我们学习了如何设计内容、有效准备完成一次高分表达之后，我想再跟你分享三个故事，告诉你如何应对表达的高频场景——即兴演讲，抓住每一次当众讲话的机会，做到毫不怯场。

总有人向我求助，那些需要即兴发言的场合，我们到底应该如何从容应对。比如：职场人小王每每在开会的时候，总怕被领导喊起来说两句；创业者郭律师作为知名律所的合伙人，宁愿打字或者一对一沟通，也不愿意临时开个小会当面讨论；赵爷爷因为德高望重，经常被朋友邀请去参加晚辈的婚礼，而且总被邀请上台发言，但不知道到底该如何开口。

三位主人公面对的是三种不同的即兴发言场景。怎么用最简单的方法，一次性解决所有人的难题？接下来我就要教给你应对临时发言、即兴演讲最好用的一招——黄金圈法则，帮助你快速整理脑中的素材、信息，做到出口成章。

黄金圈法则也是查理·芒格推荐的 100 个思维模型中的一个，又叫作"why-how-what"法则，从内到外分别代表了我们思考和认识问题的三个圈层。这个法则是即兴演讲的一套完美思路，也是商业演讲高手乔布斯常用的演讲结构。

"why"，是为什么，是动机和初衷；

"how"，是怎么做，是故事和细节；

"what"，是做什么，是行动和结果。

在讲黄金圈法则的实操之前，我想和你一起研究一下，在发布会将演讲才能发挥到极致的乔布斯是如何用"why"展现动机的。

我们来看这两句话：

（1）全新的 iPod nano，采用了最新的电池技术，拥有 8G 超大内存，我们还配上了美观的外壳。

（2）全新的 iPod nano，价格不变，容量翻番。我们还把续航时间增加到 24 小时，让你可以全日无休地享受音乐。另外，由于产品采用了最新的铝制外壳技术，现在你有 5 种不同的颜色可以选择。

是不是第一句话感觉很平淡，第二句话就让你心动了？第二句是 2006 年乔布斯在发布 iPod nano 二代时的表述，回看他的表述，他的每句话都在展现动机。我们增加了续航时间，是为了让消费者不停歇地享受音乐；我们采用了最新的铝制外壳技术，是为了让消费者有更多的颜色选择。

当你推出一个新产品或者新观点的时候，大多数的消费者是不容易买账的。如果你只宣传产品亮点、产品信息，那么这些很难真正被消费者听进去、记下来。而如果你给了消费者一个"动机"，那么他们会更容易接受。在我们日常接触的广告里，这样的动机植入非常多，比如：这款新品点读笔，是为了能让你的孩子随时随地学习英语；这次旅行，是为了圆你那个"诗和远方"的梦想。

我们来看如何用"动机"来帮助我的三位朋友巧妙开场。

作为职场人小王，在被老板喊起来说两句之前，先在心里快速思考几秒钟：老板为什么这个时候让我站起来发言？他可能需要我的支持和帮忙，需要我根据他刚刚布置的工作计划落实一部分工作，或者需要我对他刚刚的提问给一些反馈……

根据老板喊自己起来的原因，围绕"动机"组织发言，小王可以说：

> 刚刚张总开会说了很多下一步的重点工作计划，那我就根据这几个计划同步一下我们部分联动的项目进度，以

便更好地推进。

对于刚刚张总说的××观点,我也很认同,最近我们的业务里有一个案例,我想分享给大家,这里面的方法在很多业务场景里都适用,供大家参考。

再来看郭律师,如果需要临时开个短会、同步工作,她可以这样说:

今天开这个晨会,主要是上周业务存在一些小问题需要改善,期待我们可以在以下几点上做得更好。

作为赵爷爷,他可以说说为什么今天自己会被邀请来做证婚人:

我跟新娘的爸妈是几十年的老朋友了,当年他们两口子的婚礼我就在场。几十年过去,我又见证了一对新人的幸福时刻,我为他们送上我们老一辈人的祝福。

掌握黄金圈法则最内圈的"why",围绕"动机"进行开场的好处是:第一,对表达者来说,不需要太多的数据、方法、观点,避免在现场手忙脚乱;第二,对观众来说,相比于一开始讲"做什么"、摆事实,"为什么"更具有吸引力,内容也更容易被接受,一举两得、屡试不爽。

讲完"why",接着我们来讲如何用"how"展现故事和细节。

比如,小王接下来可以说:

这个计划我们可以分两步走,分别从市场分析和用户画像着手。我建议周三我们再约一次会议。

关于那个业务案例,当时我们主要经历了几次大挑战。多亏我们组的小伙伴们那段时间一起赶进度,每天晚上走得最晚的可能就是我们组了。我们从客户调研开始就做足了准备。

郭律师可以这样接着说:

大概的信息同步完了,我邀请几位部门负责人来帮我们针对上周的项目做个小复盘吧。

听完大家的分享,我拎出来了几个重点,我们可以进一步去调研,看看有没有新的机会增长点。

辛苦张秘书帮忙把今天的会议记录同步一份到大家的邮箱,我们逐一推进。

赵爷爷也打开了话匣子：

在参加这次婚礼之前，我还做了一些准备，我翻了翻咱们之前的老照片，有了很多惊喜的发现，回忆翻涌而来。

我还提前跟两位老人家通了个气，聊了聊两位新人从认识到结缘的故事。

我们用展现"how"的形式发言的好处在于我们可以用细节和画面吸引观众，或者立住自己的人设，避免自己一不小心陷入内容空泛或抽象的陷阱。

最后，用"what"给你的发言来一个漂亮的结尾。比如，在手机发布会的最后，一般都是一个产品的重磅亮相或者是一个激动人心的发售价格把整场发布会推向高潮。

小王在最后可以说：

针对这个项目，我接下来的工作计划是……，我会把计划发到各位的邮箱，方便同步进度。

那位从前不会开会的郭律师也可以这样结尾：

针对这次会议记录，我会请小张进一步做整理精简，把它作为咱们的内刊；以后对于此类案件，咱们都可以一起做经验沉淀。

赵爷爷也可以在最后说：

>我就说到这儿了，如果以后大家家里有喜事儿的话，也欢迎大家联系我，让我担任你家的"幸福见证官"，让我见证你们的幸福，让我这一把年纪的人继续发光发热。

说到这里，我们学会了通过黄金圈法则，也就是"why-how-what"的结构轻松应对三种最常见的即兴发言场景。它不仅仅是一种演讲策略，更是一种思考方式。我们不只要看到"what"，更要看到事情背后的动机、完成目标的方法，这才是高手的思维模式。

在本小节的最后，我们再来加个餐。除了黄金圈法则，面对"短平快"的职场即兴发言还有一招特别好用，它就是"PREP"沟通法则。

第一，发言时先陈述你的观点（Point），让所有人知道你的重点是什么，方便你通过主动或者被动的方式紧扣主题。第二，再说一说你的理由和原因（Reason），不要让别人觉得你特别强势。这也就是为什么很多人情商高，因为他们在发言和沟通时给了理由和原因。第三，用通俗易懂的案例（Example）来帮助观众理解一个陌生的观点，这非常重要。最后一个 P 还是 Point，这就是说，我们在发言的最后一定要重复一遍自己的观点。事实证明，人们往往会记住你最后说的话，无论你前面说了什么，说的是多是少，你一定要把你希望对方记住的重点重申一遍。

还有很多发言方法和技巧等待你发掘和实践，在这里我把我这几年通过亲身实践教授给学员的最实用、最常用的黄金圈法则与"PREP"沟通法则教给你，期待你能快速上手，当每一次即兴发言时，都可以自信开口、夺目亮眼。

核心技巧

1. 用"why"，展现动机和初衷，抓住注意力；
2. 用"how"，展现故事和细节，立住人设；
3. 用"what"，展现行动和结果，形成完美闭环。

第四章

职场篇：赢在职场表达

"辛辛苦苦干一年，不如上台发个言。"这是我无数次去企业做内训，在现场获得观众共鸣最多的一句话。这句话的出现频率之高，说明太多太多的人都遇到了"不会展现自己的成绩和价值"这个痛点。

没错，有时即使我们干了再多的活，有了再好的成绩，在职场中不会表达，也会吃亏。实际上那些看起来"不如自己"的人，却能拿到更好的结果，现实简直让人"痛彻心扉"。你如果也面对过这样的憋屈时刻，那么也一定能感同身受。

下面我就来说说，在特定的职场场景之中，我们到底该如何展现自己的成绩和价值。

述职竞聘：
有策略也要有方法

> " 别让不会表达成为你展现价值和成绩的阻力。 "

说起我自己，我可是面试和比赛的狂热爱好者，我靠表达跟别人竞争，而且总是运气很好。在这个小节，我会把我好运气背后的方法一一拆解给你。

在述职竞聘中，我们要做好的就是两大方面，第一是定好策略，第二是现场方法。

先来看看在述职竞聘之前，我们要做哪些准备。可能很多人忙于背稿背数据，熬夜做PPT，但是其实我认为最重要的是给自己这一次的竞聘定好一个"赢"的策略。给你分享一个我之前辅导的一位律师事务所合伙人的案例，从中我们来找到定好策略的思路和方法。

这位学员之所以能成为知名律师事务所的合伙人，是因为除业务能力超强之外，她的表达技能、思路非常优秀。但是，跟她一起竞争的其他候选人也是如此厉害，她要做的就是避免陷入同质化的竞争，让自己脱颖而出。

定好策略，最重要的是分析本次述职竞聘的背景。比如，这位合伙人的竞聘背景是，目前律所规模大，人员较多，派系复杂。再来看看一起参与竞聘的人选都有谁，比如有空降的高管，有一直占据重要资源的老主管。在这种错综复杂的情况之下，她的表达一定是不能具有倾向性的，总想着赢得一小部分人的认可很容易出错，不如放下私心，去迎合公司发展大方向，这样更有全局观。所以，经过对公司背景、市场环境、个人优势的分析，我们定了几个关键策略：律所的新媒体转型，女性管理者的沟通协调优势，项目制的组织改革方案。

在定好策略后，我们下一步来看看在现场做到更好的方法。我让她在现场抓住两个重点：互动和讲故事。果然不出我所料，其他竞聘者准备了精彩的竞聘演讲稿，他们都完成了不错的"独角戏"。而她因为讲故事赢得了现场领导的热烈支持，又因为频频互动让人感觉她可以协调好各方关系，有利于公司大局。

因为这些理性和感性的方法，她很幸运地拿到了想要的结果。如果你觉得这是一次偶然事件，那我再讲一个故事，希望你能从中找到做好述职竞聘的规律。

我是中国传媒大学新闻播音主持系毕业的，所以我的很多校友在面对人生中一些重要的表达时刻总会想到我。那天我接到了我的一位老校友的电话,当年我们是足球场上的球友,现在他在一家互联网大厂工作,正好面临述职竞聘的关键时刻。那天晚上,他给我发了一个全是密密麻麻的字的 PPT 过来,他准备得特别详细充分,这也是很多人在述职竞聘的时候会踩的坑。我一看就发现他的问题所在了。要知道,这样极丰富的内容是给同事看的,而不是给老板看的。同事爱看的是详细的方案流程、有趣丰富的经历讲述……而我们如果从老板的角度来考虑问题,就会发现,老板对内容的偏好完全不一样。

如果你是老板,今天每个候选人的述职都非常完美、详尽,那么你听到最后一定会"内容疲劳",无论是注意力还是耐心都会消散。他瞬间懂了:"对!如果我是老板,我在这场竞聘中一定喜欢抓重点、一针见血并且最懂我意图的人!"

没错,我们现场述职的第一点,就是内容一定要够"短"、够精练。你讲了那么多细节,不如讲方法。老板最关心的是你能否把这件事干好,大多数情况下他不关心你会怎么干。所以,你只要讲方法就好了,并证明你对这件事有一定把握。

再来代入一下老板的视角,如果今天有 10 个人都参与了述职竞聘,大家都讲一样的内容,比如:我的工作经历、我的工作成绩、我的计划……老板是不是听着也挺乏味的?所以现场述职的第二点就是要够新。

怎么做到"新"？比如：如果别人讲怎么深挖业务，怎么加强管理，怎么划分模块，你就讲怎么在传统业务里实现创新；如果别人在打行业内的概念，你可以借用一些跨行业的成功案例，将其他行业里的创新思维、有效方法融入自己的行业。比如：如果你在做实体企业，那么你就多说说电商、自媒体；如果你在做互联网公司，那么你可以从实体企业里找经验……以此类推。

第三点，当述职竞聘的时候，我们不能滔滔不绝地输出，而要学会有效沟通。比如每当你抛出一个观点的时候，你可以跟现场的人做一个简单的互动：你感兴趣吗？可以吗？怎么样？如何？对吧？……在述职竞聘中，这些互动和"聊"天可以帮你随时确认对方的兴趣点和意图，灵活调整你的叙述，帮你抓住最宝贵的注意力资源。

跟我的校友聊完这三点，他果断重做了原本那个事无巨细的PPT，准备用"短、新、聊"三步法来迎接自己的"关键谈话"。两个月后，我收到了他的升职消息。他在请我吃大餐的时候，好奇地问道："你们主持人都是这般'华丽述职'的吗？厉害了。"我神秘地告诉他："没错，主持人在我眼里都是王者级的，尤其是我。我还有一套锦囊，你能不能再加个菜？"他大喊："服务员，再加个锅包肉！你快讲！"

话说，那是我的节目第一次得奖，并获得了台长和频道总监的认可。当时，台长在我述职结束后，更是跟人打听我的述职有没有模板，给大家分享分享。这是一套被台长认可的述职思路。

很多人可能跟之前的我一样：在一个略显严肃的单位，与同事相处讲究边界感；当获得了成绩时，你既不能让别人觉得自己爱出风头，又要让别人看到自己的成就，获得将来晋升的机会。在这样的要求下，我总结了自己的述职"套路"。

开场白：成绩面前的真实内心

事实是，你无论怎么讲成绩，都会让人感觉自己爱出风头。那你不如讲获得成绩时自己真实的内心活动，这样大家就会第一时间感受到你的真诚。真诚才是最好的敲门砖。

摆困难：面对困难时脆弱的自己

先学会示弱，摆出自己当时遇到的困难。如果我们一开始就很强大，一切事情都做得顺风顺水，那么一定会让别人觉得不真实，会让人觉得成绩来得太轻松。很多内敛的人会犯一个错误：不会说出自己之前面对的困难，就算说也是轻描淡写地说，导致出色的成绩在别人心里显得无足轻重。

抬同事：感谢同事的点滴帮助

感谢同事的点滴帮助是展示成绩之前的关键步骤。要想让别人第一时间接受你的叙述，你可以展现领导给出的关键意见，同事给的细节上的帮助和建议，肯定他们的能力和价值。体现这样一个观点：成绩是个人的，功劳是大家的。

摆成绩：数据分析+强调价值

一定要学会用数据、用量化的方法去展示成绩。量化的好处是，让价值具体可感，让别人对价值的理解更加深刻。用多维度的数据让别人感受到你的成绩背后是综合的能力体系。更有趣的是，数据容易让人"不明觉厉"①。

推自己：要资源+做服务

述职竞聘的目的是"推销自己"。在回顾过去成绩的同时，你记得要提炼出自己的团队角色，比如：大管家、排头兵、后援团团长、联络员……并且提出自己的要求，比如希望获得的

---

① 网络流行词，表示"虽然不明白你在说什么，但好像很厉害的样子"。——编者注

资源和机会。大胆地做出承诺，比如：无论将来获得怎样的成绩，我依然会做好与其他部门的沟通和服务工作。总之一句话：人人为我，我为人人。

述职竞聘之前的策略准备、讲述过程中的结构框架，还有具体叙述里的关键话术，我都给你一一拆解了。这些都是我自己亲身尝试并且经过身边人一再验证的方法。我真心地希望这一套方法可以在你进行关键对话时发挥作用。

核心技巧

1. 定好策略：分析述职竞聘的背景；
2. 现场方法：够短，够新，要聊。

开会发言：
先站稳内部的小舞台

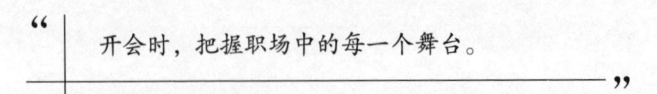

> 开会时，把握职场中的每一个舞台。

近十年的体制内职场经历加上我平时给企业做内训和与高管交流的经验使我发现：

一家企业的精神面貌和战斗力通过开会可见一斑；

一个员工未来在公司能爬多高、走多远也可以看他如何开会。

开会发言是商业表达里重要的一部分，在这里我会教给你在实践中最有效的"开会六步法"，每个步骤中的思路供你参考。

会前气氛要营造

会议不是从第一句开场语开始的，其实在此之前会议就已经开始了。我有7年的主持经历，一众主持人开会最有趣的地方在于不管会议是否高效，总有一群有强烈表达欲的人聚在一起，因此会议室的氛围往往特别热烈。我记得有一次春节后的内部会议，这个时候的开年工作会其实对于主持人是有压力的，因为很多节目的变动将会在会议上宣布，这直接关系到每位主持人一年的利益，所以大家一定会有不满、有压力。正好这次会议有一个属于我的表扬颁奖环节，我就在想怎样能让这次会议的氛围不至于这么紧张。

在午餐时我就开始琢磨，恰逢春节，我突然想到了一个主意。我去超市买了气球、窗花剪纸，在会议室墙上贴上"欢度春节"4个大字，还去技术部门借了音箱，放起了欢快的广场舞暖场音乐……原本容易陷入紧张气氛的开年工作会，在气球、剪纸和音乐的装饰下，一下子洋溢起热情的氛围。

这是视觉和听觉上的一次有效尝试。根据我的观察，通过语言能够带动气氛、提供情绪价值的员工，更容易获得他人的支持，在职场进阶中更容易通行无阻。

你可以尝试在会议前和同事开开玩笑，互动一下。对会议室里害羞的同事，你可以说："你还是一如既往的稳重，今天要不要说两句？"对那位絮絮叨叨的同事，你可以说："你今天如果忍住不发言，我们肯定准时散会。"对总端着咖啡迟到的同事，你可以说："你昨晚谈了几个大客户？你今天都困得像只熊猫了。"

营造气氛的技巧无穷无尽，但你学会举一反三就可以从容应对。

主题目标要明确

如果要问大家最讨厌的会议是怎样的，那一定是会议上漫无目的地讨论。这不仅浪费时间，也没有办法形成任何明确的行动方案。所以，会议发言的第二个重要步骤就是，在一开始的时候，你一定要明确会议的主题和目标，也就是"要解决什么问题"和"希望达到哪些具体的目标"。

举个很有趣的例子：在香港警匪片里，你会发现那些警员开会的效率都特别高。那就让我们一起还原一下他们都是怎么开会的，帮助你学习开会发言的技巧。

在香港警匪片里，当警员开会时，会议组织者会直入主题，把灯一关，展示罪犯资料，同步目前的行动进度、背景，告诉大家会议目标，比如：在三天内拿下罪犯，在某时某地蹲守罪犯的交易现场，侦查重要的证据，等等。并且，组织者还会明确分配每一位警员的任务，比如：A 负责调度此次行动，B 协助取证监视，C 负责资料搜集、证据追踪……每一位参与者也可以在会议上互相了解彼此，方便推进下一步的行动。

在工作会议中，我们如果也想要达到这样的效果，明确主题和目标，只要确定好三件事。

（1）谁提出？这件事、这个项目的背景是什么？缘由是什么？谁发起的？这些内容需要由会议发起人同步给所有的参会人，让大家搞清楚状况，这样所有人才会进入状态。

（2）谁落实？如果会议的讨论仅仅停留在想法、创意横飞的阶段，那么是没有办法体现出会议价值的，只有落实行动方案，责任到人，才能收获最终期待的结果。

（3）谁协助？行动的落实需要主次分明，避免因为没有分清权责，而导致效率低下。

很多时候事情没有办成或者领导者责怪员工办事不力，都是因为没有把会议开好，出现了很多"本以为"的误差。会开完了，领导者"本以为"员工都明白了，但是员工没有听到明确的目标和安排，甚至员工因为没听到自己的名字，所以"以为"和自己无关，这就出现了事情没有推进、任务没有完成的尴尬情况。

参会人员巧介绍

如果会议里有新人加入，或者大项目需要跨部门协作，会议主持人该怎么介绍参会人员呢？还是刚刚我们提到的香港警员开会的例子，首先你会发现，一般会议主持人不会介绍某人的全名，因为很难让人记住，而会介绍他的昵称或花名，因为有亲切感且容易记忆。其次，主持人也一定不会长篇大论地介绍他，而是会选一个他最擅长的方面，赋予他一种身份标签，比如"电脑侠""消息王"。最后，主持人会说一说他业余时间的一个小爱好，比如爱吃夜宵、爱喝咖啡，方便大家相互社交。比如，警员一般会这样说："这是我们的新晋同事阿华，他在警校里可是神射手，远程狙击年年都是第一。对了，他是我们兄弟里是最爱吃夜宵的，大家以后下班可以约他去吃夜宵啊。"

总结一下，介绍新人可以展示三张"名片"：昵称名片、能力名片、社交名片。套用在职场里，我们可以这样说："这位是新人阿花，阿花简直是'人形打字机'，之前公司里大大小小的报告都是出自她手。对了，她有个爱好，就是特别爱喝咖啡，我们公司附近有什么好喝的咖啡店，问她准没错。"

说事不带PPT

2022年年底，刘强东曾在京东内部管理培训会上痛批部分高管，称"拿PPT和假大空词语忽悠自己的人就是骗子"。他表示部分高管只关注PPT和一些空泛的词语，但是没人敢说真话，任务执行起来一塌糊涂。不只是京东，很多公司在规模扩大之后的确会出现这样追求形式的"大公司病",降低企业效率。

所以,你会发现,一些高效的组织在开会的时候已经舍弃了PPT,撤下了幕布,取而代之的是可以任意书写发挥的白板。很多领导者要求员工,即使面对再复杂的问题,也要有能力用一面板书阐述清楚。这也是一种开会的技巧,用板书一方面可以帮助发言者进行思路梳理,另一方面也利于参会者紧跟会议的进程,同步思考。

建议最好有方案

很多会议陷入杂乱无章的讨论、立场不一的拉扯,都是因为出现了同一个问题:有建议,无方案。我要提醒大家的是,会议的时间比你想象的更加宝贵,一个人在会议上花10分钟,也就意味着10个人在会议上花100分钟。从商业效率和人力成本上来换算,无论是领导者还是参会人员,都要重视这个问题,并且想办法解决。

在提出问题之前,先想好方案的人往往都是容易升职的。不是说不要提建议、提问题,而是在你提出建议的同时,你自己必须讲出一个方案。这样做有三个好处。

(1)让乱提建议、带有情绪乱发言的人,增加了行动成本,进一步遏制他们随意发言的坏习惯;

（2）让没有能力思考方案的人，慢慢养成思考行动、思考方案的工作习惯；

（3）让有能力提出建设性建议和方案的人，有更多崭露头角的机会。

如果你要站起来发言，那么我有一套非常好用的话术分享给你。

"我发现……"这代表你的发言是基于实际情况的有感而发，而不是一拍脑门的信口开河；

"我认为……"这代表你有明确的个人观点，让大家立刻知道你想说的重点是什么；

"我提议……"在想法之后跟上你的具体方案，体现自己的价值，也让会议的参与者有抓手，思考该如何支持你；

"我希望……"最后说出自己希望得到的资源、机会，也可以给方案定一个初步的目标。

目标聚焦再强调

如果会议开完后没有总结，那么会议的价值就损失了至少一半。有一个定律叫作"峰终定律"：如果在一段体验的高峰和结尾，你的体验是愉悦的，那么你对整个体验的感受就是愉悦的。用更直白的话解释，比如我们有一位共同的老友，当我们聊天提起他的时候，我们一定会说这么两句："你还记得那一次吗？经典啊，那次他……"和"我记得上一次见他，他还是在……"你会发现，我们对人和事的记忆往往停留在两个点：印象最深刻的一次和时间最近的一次。所以，要想提高员工的执行力，使其服务于未来，我们一定要把握好会议的最后一刻，让大家在忙碌的工作中，带着具体的目标离开会场。

结尾最重要的就是要把我们的目标再次强调一遍，保证所有人都能清楚地理解目标，这有利于后续的行动。给你一套话术，你可以这样说：

> 首先，感谢一下……
> 其次，总结一下，我们今天讨论了几个要点……各自的任务和期限是……
> 最后，我们明确一下目标……

这样开会的话，会议必定有价值、有结果。

会议，是职场中一对多地跟人交流的场景，如果你能用上商业演讲的方法，掌握本节的6个关键步骤，那么你一定可以提升职场竞争力。会议就是一个小型的舞台，是打造人设、释放影响力的重要场景。在职场进阶中，学会做事，学会表达，站稳每一个小舞台，终有一天你会站上属于自己的大舞台。

核心技巧

1. 会前气氛要营造；
2. 主题目标要明确；
3. 参会人员巧介绍；
4. 说事不带 PPT；
5. 建议最好有方案；
6. 目标聚焦再强调。

解决冲突：
用技巧和高情商化解矛盾

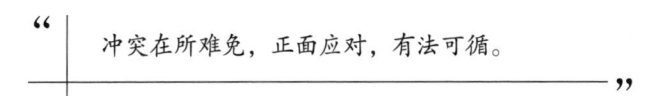

> " 冲突在所难免，正面应对，有法可循。 "

在工作中，很多时候，事情会向我们无法控制的方向发展。矛盾、冲突频现，合伙人不欢而散，项目组成员分道扬镳，这些都会导致商业目标受损。其实回想起来，有时候事情本身没有问题，而是人和人的沟通表达出了问题。商业需要理性，但是它离不开跟人打交道，我们能做的是，用理性的方法去解决感性的干扰因素。

我在体制内工作过7年，对人际关系的感受很深刻。在小型初创公司里，大家更真实，表达更直接；而在大型企业里，由于部门人员结构复杂，摩擦与冲突在所难免。但我们能做到的是不害怕冲突，正确地应对冲突，这个能力非常重要。

我曾经是一名主持人，这个职业本身就需要我非常善于沟通和处理矛盾。比如,在访谈节目中,经常出现几位嘉宾意见不合的情况,现场不乏激烈的辩论——"抬杠"。这个时候就需要我去进行平衡和疏导,将话题引回正确的方向。化解矛盾,在本质上我理解它为通过表达能力处理人际关系的问题。通过过往的经验,我总结了化解矛盾、解决冲突的"四步法",其非常具有普适性,你一定能用上。

第一步,找原因。当产生矛盾冲突的时候,通常有两个根本点:一是利益点,二是情绪点。

首先来说说利益点。当遇到矛盾的时候,我们往往会去纠结语言的细节、辩论的是非对错,而特别容易忽略利益点的冲突。俗话说"屁股决定脑袋,脑袋决定嘴巴","屁股"指的是"一个人坐的位置"。简单来说就是,每个人的立场不同,各自站在了不同的利益角度,这才是冲突的根源。

在影视作品里,乾隆皇帝告诉和珅:"我的寿辰就要到了,仪式一定要办得隆重,但切记不要多花钱。"如果从纪晓岚的角度来说,那一定要精打细算、节省银两。但是,和珅与他处处作对,他要建宫殿,还要大操大办。后来,纪晓岚明白过来了,和珅多花银子的最终目的其实不是要把皇帝的寿辰办得多么赏心悦目,而是如果寿辰办得特别隆重,乾隆皇帝就会很开心,就会更加信任和珅,这才是利益点所在。所以,这就是二人利益不一致并且总是产生冲突的原因。

再来说说情绪点。比方说我就见过两个同事因为一件小事儿吵架了,到头来你会发现不是哪句话说错了或者哪个行为真的伤害到了对方,而是可能他买的股票跌得很惨,或者她刚刚失恋了,自身的状态就不对劲儿。同一件事,由于对方状态不一样,结果就大不一样。假设你打碎了同事的水杯,如果放在平时,可能一句"没关系"这事儿也就过去了,但是如果他正好情绪不佳,那就免不了一场争吵。

完成了第一步,找到矛盾和冲突的原因,调整沟通方向,我们离解决问题就更进一步了。

第二步,缓一缓,平复情绪,或引入第三方。

在双方产生矛盾和冲突的当下,我们不要急着解决问题。原因很简单,双方可能都会因为情绪失控变得片面、不理智,此时解决问题的风险特别大,反而会出现我们不希望的结果。所以,这个时候要"缓一缓",给出一定的时间让双方冷静下来。这样做最大的好处是让偏激的双方回归理智,让情绪稳定下来。

拿我自己来说,当别人跟我意见不合、即将发生冲突的时候,我通常习惯说:"走,我们出去买一杯咖啡。"环境的改变特别有效果,这会让我们突然从封闭的工作场景、紧张的工作争执中跳脱出来,转变到买咖啡的悠闲状态,让紧绷的神经放松下来。如果我们主动买了单,也是一种"隐性的示好",会让矛盾尽快平息，实现冲突的"软着陆"。而且，这样的邀请一般不会被对方拒绝，因为如果对方嘴硬拒绝了你，反而会显得他很没格局。

如果冲突特别激烈，那么我会建议在这个时候引入第三方。他可以是双方都信任的人、情商在线的人或者不会轻易说错话的人。一方面，第三方可以给利益受损、情绪激动的对方一定的陪伴，防止他继续做出过激的行为；另一方面，第三方还可以在对方恢复理智的过程中，站在你的角度，维护你的利益。

第三步，先共情，摆事实细节，说出感受。

在矛盾冲突中，我们要勇敢地解决问题，但我说的勇敢绝不是鲁莽，也不是强词夺理，让冲突升级，让事情变得更加糟糕。表达和沟通的技巧是必要的，但是我们需要注意内容，这个时候不要纠结于是非对错，不妨摆出客观事实的一些细节。

比如，你不小心打碎了对方的水杯，你可以说出客观事实："刚才我打碎了那个杯子，把水洒在了地上，导致你没有办法工作，对吗？"当对方短时间内无法接受你的观点的时候，正确的做法是让对方接受那些"双方都认可的客观事实"。这个方法的妙处在于，你会发现，对方的语言会因为你对客观事实的细节描述，从"不对""不是""你错了"变成"嗯嗯""对""是的"。这种趋向于"共识"的语言潜意识引导非常有利于解决沟通中的人际冲突。

除了给细节，你也可以大胆说出你当下的感受。你会发现，事情的对错不是最重要的，最重要的是情绪的处理和人际关系的修复。比如，你可以说："刚才你对我那么咆哮，让我感觉自己在同事面前很没面子，而且心里很慌，你知道吗？"

大胆说出感受有两个好处：一是让对方感受到冲突给你带来的伤害；二是可以鼓励对方说出自己的感受，让对方释放不良情绪。通过"给细节、说感受"，我们就可以很容易达到目的：共同确认事实并释放情绪，进一步让矛盾和冲突得以解决。

第四步，至少提出两个解决方案，彼此商量以示尊重。

小孩子才论对错，成年人只会做选择。有一个平时我们容易忽略的细节，如果你在面对矛盾和冲突时，只给一个解决方案的话，这就非常像一个命令。你本来的意思是解决问题，但是反而让对方觉得你没有诚意或者心里有情绪。如果你可以给出两个解决方案，这就变成了一种商量。而且，这会让对方感觉到有选择空间，感受到一种尊重。当你们在商量是 A 方案还是 B 方案的时候，你们已经不知不觉地变成了一个"共同行动体"，两个站在对立面的个体变为了一个整体。

如果你打碎了同事的水杯，你们刚要大吵一架，你却跟他商量：（1）你赔他一个好看的新水杯作为礼物；（2）下班你请对方吃饭，地方他选。只要他开始跟你商量，那么冲突和矛盾很快就会烟消云散。

很多人总希望避免冲突和矛盾，这样就能给自己树立一个完美的人设，并打造一个无比轻松的人际关系环境，但我们细想就知道这件事情是不可能的。成功的事业和轻松的人际关系一定是在不断地解决冲突的过程中诞生的。所以，你只要每天保持好良好的心态，掌握解决冲突矛盾的方法和步骤，和你一起工作一定会让人如沐春风。

核心技巧

1. 找原因：找到利益点或者情绪点；
2. 缓一缓：平复情绪，或引入第三方；
3. 先共情：摆事实细节，说出感受；
4. 提方案：至少提出两个解决方案，彼此商量以示尊重。

第五章

创业篇：会赚钱，更会表达

如果不是受乔布斯演讲的影响,我想雷军不会获得"雷布斯"的称号,罗永浩也不一定会做锤子手机。没有罗永浩的连续成功以及他成为不同平台红利期的意见领袖,我也不会开始研究商业演讲,从体制内出走并开始创业。你看,优秀的演讲不仅影响了商业,也给了很多创业者勇气。所以,在创业过程中,创业者不仅要学会赚钱,也要学会表达。

项目推介：
有效地传递价值

> " 让靠谱人设和项目价值走进观众的心里。 "

在我的课程里，很多学员最直接的演讲需求是做项目推介，或者是拉投资，或者是招商加盟。从千百条不同类别的项目演讲辅导经验里，我总结了一套适用于项目推介的分享框架，可以帮助你一开口就讲出重点和亮点。

2021 年，上海 HRoot 的钱总给我打了个电话，他说："小宁，杭州市政府和我们合作，要举办一场人力资源领域的创新创业大赛。我们想请你过来为入围决赛圈的 10 个选手做一次项目路演的赛前辅导，这会对他们帮助很大。"我同意了他的请求，于是接下了这项任务。

到了杭州以后，我才意识到任务非常艰巨。在一天的时间里，我需要看完 10 个入围项目的展示，并且给出我的辅导建议。平均下来，每个项目的交流时间只有30~40分钟。那是一次密度极大的项目演讲，其中有一位主讲人给我留下了极深的印象。

他叫老包，他跟别人的风格都不太一样。老包稍微年长一些，他穿着一件白衬衫，外面套了一个毛背心。这个打扮特别符合大家心目中"温暖大叔"的形象。他带来的项目是"智服众包"——一个灵活用工的平台，可以让有空闲的人在上面找到一些短时兼职。一开始，我发现他讲了非常多的干货理论，比如：这个平台十分先进，产品非常优越，用户使用便捷，整合了上下游……听到这些关键词，你可能也开始走神了。100个项目介绍里至少有90个都是这样展示的，但其实非专业观众是很难感知这些内容的。对老包而言这样非常不讨巧，于是我们开始了内容的大调整。

讲项目的第一步，晒成绩。先把跟自己项目相关的数据、成绩大胆地晒出来，比如：平台活跃人数，网站的成交金额，帮助多少外来务工人员在大城市实现灵活就业……让观众对你的项目产生初步的感知。

第二步，上照片，没有什么内容形式比图像传递信息的效率更高了。我请老包找了很多照片，包括在平台上找到工作的李阿姨、刘阿姨、谢大哥、陈小妹，他们在酒店房间整理床铺、在后厨帮忙、在快递站兼职的图片。老包在看到照片后也打开了话匣子，看图说话一般地开始给我们娓娓道来项目的内容。

第三步，讲故事，这也是我在这本书里一直在讲的关键内容。"智服众包"的故事来自 PPT 上一张不起眼的照片——一位阿姨正在酒店房间里换床单。我说："这张照片特别有场景感，她在干什么呢？"

老包给我讲了一个故事，他说这位阿姨姓刘，来自重庆。刘阿姨的丈夫因病走得早，她的女儿在杭州上大学。家里的收入来源只有刘阿姨一个人。她在杭州一户人家做保姆，每月有三四千元的收入，交了房租、除去日常开销后，她还要给女儿存学费。日子过得紧巴巴的，她还不免经常要跟亲戚朋友借钱周转。

后来，当刘阿姨与小区里的其他保姆聊天的时候，她知道了"智服众包"这个平台，于是，她就通过该平台在附近找到了一个酒店保洁的兼职。因为她每天只需要上午半天去做保姆就可以了，所以刘阿姨把她原本空着的下午半天也给利用上了。自从刘阿姨有了两份工作，她的收入就从三四千直接涨到了八千，经济压力小了很多。只要得空，刘阿姨和女儿就手挽着手去菜市场买菜回家做饭，两个人沐浴在杭州温柔的夕阳之中。

我听故事听得入神，在结束时给他补充了一句："所以，你们的商业目的就是要帮助 10 万个这样的'刘阿姨'过上更美好的生活，对吧？"说完故事的老包一拍大腿，惊呼：

"对！小宁老师，没想到项目还能这么说，这么有温度！"通过将项目事件化、故事化，你就能轻松地讲清楚项目的市场份额、企业愿景，更容易感染观众。

讲项目的第四步，说"钱"景，让观众切实感受到项目的价值。还是拿"智服众包"这个案例来说，成就10万个"刘阿姨"的结果是：客户有实惠，外来务工人员得到保障，他们的家人也能过上更好的生活；平台有规模，用人和求职是真需求，在企业端和求职端，注册用户飞涨，也让平台规模更大，数据量更大、更值钱；盈利多手段，"智服众包"的平台不光值钱，还能赚入驻费、服务费、佣金、广告费等，拥有更大的商业想象空间，多种收入保障了平台现金流。

经过这四步打磨，"智服众包"的路演内容已焕然一新。第二天，我因为出差不在比赛现场，赛后老包给我发了一张领奖照片：冠军！你看，要想在一众创业项目里脱颖而出，除了项目过硬，有方法、有流程地讲好项目才是成功的关键。

为什么有人讲项目就像流水账、缺乏感染力？要怎么解决？我在这次创新创业大赛的冠军项目中找到了答案：制定清晰的框架，演讲者可以卸掉50%的演讲负担，知道自己要讲什么、要怎么讲，其信心自然会提升；加上感染力极强的故事叙述，让你的项目价值融汇其中，你的项目就可以走进观众的心里。

当然，讲项目的特殊性在于每个项目的领域、赛道、主讲人都不一样，比如"智服众包"的主讲人就适合讲温暖的故事，换一个人可能讲述的故事就不太一样了。具体情况还是要具体分析，这也是商业演讲教练存在的意义。

核心技巧

1. 晒成绩；

2. 上照片；

3. 讲故事；

4. 说"钱"景。

融资路演：
打动投资人的关键

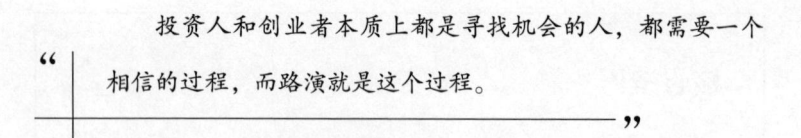

> 投资人和创业者本质上都是寻找机会的人，都需要一个相信的过程，而路演就是这个过程。

我就是那个在 2015 年帮朋友讲好 3 个故事、融资数千万元、被劝转行去做演讲教练的中央人民广播电台前主持人。最多的时候我每年会看超过 100 个项目，从提炼产品差异、塑造个人品牌、打造自媒体创始人 IP，到现在成为一名商业咨询顾问。

在这个小节，我将手把手教会你如何一步一步打动投资人的心。

商业计划书封面

别那么无趣，你要把项目讲得像一个诱人的赚钱机会，问投资人要不要一起玩儿。

怎么做到有趣？我们来看两个标题。

改前：物联网时代的汽车智控系统

改后：别人造新能源汽车，我们给车造"大脑"

到底哪个标题你更愿意听下去？投资人爱听哪一个？你应该已经有了答案。

痛点问题

不要讲你能做生意，而要讲你发现了生意的故事，投资人更喜欢听基于市场需求的项目，而不是基于你过往能力的项目。来看看这两个开场的区别。

改前：我现在能做到的是生产高性价比的国产儿童汽车座椅。

改后：市面上30%的进口儿童汽车座椅都不适配国产车。目前来看，这个问题最好由我们来解决。

改后的表达才是市场的痛点所在。没有被满足的需求就是赚钱的机会，"市场要"比"我能做"重要得多。

解决方案

"不是我们太优秀，而是同行太弱了。"同行做不到的我可以做到，同行做得到的我可以做得更好。当融资路演的时候你要讲出这种气势。

很多人迷恋超越竞争对手，拥有技术优势。我要泼一盆冷水，有一个很"残酷"的真相：你的产品或服务能实现行业重大创新的概率不高。投资人深谙这一点，他们可能更看重的是你能否利用自己的优势击中用户需求。

时机选择

很多创业者会有一个误区：我一定要使劲儿强调我做这件事的时机很成熟才能吸引投资人。这样反而可能会暴露你对于市场判断的偏差。其实正确的做法是，带着信心少说多听，摆事实、摆现象，尽量让投资人多说，让投资人去判断。如果时机真的不够成熟，你也可以选择开诚布公地沟通。有些投资人遵从的不是财务逻辑，而是战略布局。投资人比你站得高、看得远，是否投资布局，他们有自己的考量。

市场潜力

融资路演时说存量，不如讲增量，最好可以用上热门杠杆，比如直播电商、自媒体平台等。以疫情影响下的餐饮市场为例。

有的创业者会说："如何加强管理，降低成本。"

而有的创业者会说："打造超级单店，塑造品牌，培训同行，通过供应链赚钱。"

对投资者而言，对存量市场的优化动作，显然不如把主要精力放在寻找有爆发力的增量市场之上。归根到底，资本追求的是高倍杠杆带来的回报率。

竞争对手

周鸿祎曾经说："知道谁是你的敌人，是更重要的事情。"你如果连竞争对手是谁都不清楚，那么就等于没想明白自己要做什么，投资人不会看好你。比如：当年，令人没想到的是，汽车广播是被手机导航软件干掉的；几大通信运营商各出奇招，硝烟四起，却被微信冲击，有多少人见面加微信，而不是留手机号了？在技术快速革新的当下，创业者的对手有时并不是同行，这就说明优秀的创业者已经具备了跨领域竞争的前瞻性。

商业模式

最怕听到这样的话："羊毛出在猪身上，让牛来买单。"过去的经验告诉我：赚钱的道理越复杂，能驾驭的人就越少。大部分创业者缺乏用简单的逻辑来解释创业项目怎么赚钱的能力。比如：免费的聊天软件在获得大量用户后，不管有多少种盈利模式，其本质都是先创造流量，然后贩卖流量换取收益。投资人喜欢你口中简单、直接的赚钱方式。因为，创业者说得越简单，往往对项目理解越深入。

团队成员

创业者要明白，在当下，投资人无法记住所有团队成员，作为创始人，你只需要证明你的选人思路是正确的就可以了。那么你该如何介绍自己的团队呢？用"以终为始"的思路去介绍。你如果想要做好一个项目，需要哪些角色？你可以回顾一下《西游记》。在一个团队里，假如你是唐僧，那么你需要一个人能打妖怪，一个人能干脏活累活，一个人路上能讲笑话搞气氛，还有一个人当作出行工具。

当你用这样的思路去介绍自己团队的时候，在投资人眼里，你的表达就是有效的。

财务状况

记住一句话："大胆要钱，多多益善。"以终为始，说清楚怎么花就行。

我的老乡，鲜果壹号创始人老肖，展示了企业融资的全过程：2015 年销售额一亿元，融资 4 000 万元；2018 年孵化社区团购邻邻壹，年销售额近 10 亿元，获得红杉资本、今日资本 1 亿美元的投资；2020 年销售额再冲百亿元，又获得 3 亿美元的融资。老肖曾说："一年花掉一千万元和一亿元的感觉是一样的。"他还打趣道："对聪明的创业者而言，永远应该'多拿钱、打大仗'。别不好意思，投资人一般比创始人要更先看到终局，有时资金要少了投资人还怕你不够自信。"

企业愿景

关于企业愿景，我有两个很好用的模板。

普通版：帮助我的一万个标准用户达到什么效果。

诱人版：在某一个细分赛道，我们有机会当"老大"。

我有一位做空气净化系统的学员，他一开始的演讲总是缺了一些特色。后来我们聊了很多，我发现他的业务办公地点一般都是在超5A写字楼[①]。于是，我们就提炼出了一句非常有特色的愿景：让1 000万商业精英呼吸更健康。这一下子感觉就不一样了。

有这样一个观点：重新定义一个赛道就是价值。这个观点对我很有启发。就拿我自己来说，曾经演讲培训行业里没有人提"商业"这个概念，后来我创业时确定的口号是，让演讲成为商业力量。如果以后我有融资的需求，我也一定会跟投资人展示"商务人士演讲培训的首选"的企业愿景。

为什么如此强调"老大"的魅力？因为大部分的行业老大和老二一定活得很好，或者最终两者合并，而老三、老四如果不能合并，可能慢慢会发展艰难。比如：滴滴和快的完成合并，但优步早已退出中国市场；优酷和土豆发展得很好，但PPTV、暴风影音、六间房少有人用了。

不管企业规模大小，市场和投资人都很看重"第一"。

[①] 5A写字楼，是指智能化5A，包括：OA（办公自动化系统）、CA（通信自动化系统）、FA（消防自动化系统）、SAC（安保自动化系统）、BA（楼宇自动控制系统）。——编者注

核心技巧

1. 商业计划书封面：有趣诱人；

2. 痛点问题：发现生意；

3. 解决方案：锚定需求；

4. 时机选择：少说多听；

5. 市场潜力：高倍杠杆；

6. 竞争对手：了解敌人；

7. 商业模式：简单直接；

8. 团队成员：选人思路；

9. 财务状况：大胆要钱；

10. 企业愿景：定义赛道。

发布宣讲：
找到三个故事

> 会讲故事的人可以征服世界。

有一个演讲场合特别需要"以一传百、百传千、千传万"的传播方式，那就是发布会。在发布会上，你如果要实现传播效果最大化，就一定要有自己的语言工具。如果说金句是一种比较简单的语言工具，那么故事就是一个包装精美的礼盒。在这个小节，我会告诉你在发布会现场，怎样通过讲三个故事轻松实现演讲目标。

我曾经有幸帮助过一位大型企业的高管张总在发布会进行演讲，他是华为云中国区副总裁兼首席营销官。那时，华为云要召开2019年的合作者大会，我的一位行家朋友"火金姐"介绍了我和张总认识。我用一个下午的时间帮张总准备了内容策略、PPT，并对其表达方式进行了辅导。

那个时候我刚从云南出差回来，上午刚到北京，下午就匆忙赴约去见这位张总。他是实战派、少壮派高管的代表，他性格很开朗，说话的声音也很洪亮。初聊过后，我发现他之前有过很多演讲经历，但是这次是他第一次在发布会上面对那么多人、那么多媒体发言。

我们敲定了本次演讲的目的、重点策略。我们确定来宾都是华为云的合作方企业，因为华为云今年的目的就是希望更多的企业加入华为云的"凌云计划"。我还帮助他设计了一个"上船起航"的号召，并且在PPT封面设计了巨大的轮船船头，有助于提升视觉效果。接下来，就是对演讲内容的打磨。

张总的助理拿出了一沓厚厚的演讲稿，我一看演讲稿就头大。这沓厚厚的稿子，对那些没有经受过语言训练的人来说，意味着马上要进入一个演讲误区了。就在他们准备翻开稿子，开始打磨内容的时候，我站起来找了一个借口："会议室有点儿闷，在练习演讲前我带张总先调整一下演讲的形体好不好？我俩下楼先放松放松？"大家心领神会，立刻表示同意，并且都没有跟来。

本来张总就挺紧张的，一听到我说下楼放松，他立马起身就说走，他说："对对对，我们下楼透口气。"还好，在张总要步入演讲误区前，我创造了一个让他情绪更放松的沟通机会。

到了楼下，我先故意闲聊了一通，说了说最近的工作状态。张总马上打开了话匣子，说一年恨不得有 300 天在出差。当他去合作企业那里深度走访调研时，他发现了很多痛点，然后基于华为云的技术去解决这些痛点。他还说到华为云的业务跟很多国际企业竞争，占据那么多的市场份额，是非常不容易的。随着我们聊得越来越走心，我知道张总的状态开始对了。后来，我们聊到了三个层面的故事。

我问他："你的工作和家庭怎么平衡的？"他有点儿愧疚地说，作为一个父亲、一个丈夫，自己确实是有不称职的地方，陪伴家人的时间变得很少。所以，他更用心地给家人准备一些礼物，回家后给他们分享这次出差的见闻、故事。他说："我太太和孩子已经跟着我换了两个城市了，华为云员工的家属都是这样默默付出的。"听到这里，张总的家庭故事就有了。

接着我又问："那有没有什么关于工作调研的故事，对你来说印象很深刻？"，他说："有啊！有一次，我在客户所在的城市准备项目方案，当时正好是年关，时间特别紧张，我每天从早忙到晚。后来又下了很大的雪，我没买上回家的票，所以我就留在了客户家里吃饺子。那一年的除夕夜和饺子我永远都忘不掉。"我心想，太好了，张总跟客户的故事也有了。

我说："张总，你再给我讲一个你跟同事的故事吧！"他又开始跟我讲起他有一次在非洲做项目的故事。那次的项目战线比较长，大家一待就是一个月，最后半个月实在熬不下去了，实在没有什么东西可吃了，团队中的三个大老爷们儿都瘦了。刚好这个项目最后还需要一个负责技术支持的同事，国内总部就调过去了一位女同事，他们用各种理由"忽悠"女同事少带点儿衣服、化妆品，非洲都可以买到，还让她多带点儿方便面、老干妈、榨菜……后来，女同事落地非洲后，发现自己被"忽悠"了。大伙儿一起蓬头垢面地坚持了大半个月，还好伙食比之前有所改善。

在讲完这三个故事后，张总的状态越来越好。虽说是带他下楼放松，但是其实我的真实目的是收集他的故事素材。我们正准备上楼，我担心那厚厚一沓稿子又让他绕进去了，于是我最后引导了一下："你讲的这三个故事能打动我，也能打动这些合作方的企业领导者。你想想，如果你是来参加大会的企业领导者，你是愿意听那沓稿子中的内容，还是愿意听你刚才讲的这三个故事呢？"

他的回答让我印象深刻："不管我今天的演讲效果如何，以华为云的号召力，前来合作的企业不会少。但是，如果我讲小宁老师你辅导我的这三个故事，我会争取到更多的合作企业。"

听了他肯定的回答，我也放心地跟他一起上了楼。楼上一帮人都在等着我们开会，我们把三个故事的演讲计划跟他们一说，几位副总的神色都有点儿慌张，但是听到张总笃定的语气，他们也同意放弃原来的那一沓厚厚的稿子。

当我们一边捋稿子一边讲的时候，我感觉所有人的心都放下来了，因为张总讲的效果很好。后来在"凌云计划"的发布会现场，张总的演讲果然非常"炸场"，"火金姐"特意给我发了一张现场照片，说："效果特别好，感谢小宁。"我非常开心有这样一次演讲辅导，对一个中国的创业者来说，帮助民族品牌华为云就是帮助自己。

再说回发布会演讲的方法，其实在这三个故事里，都有我不同的设计目的。

和家人的故事，是为了通过故事树立人设，打造有温度的现场氛围；

和客户的故事，是为了让观众有代入感，寻找更多与你合作有利的证据；

和团队的故事，是为了让观众建立信心，让合作方案更落地。

我在这本书里一直在强调讲故事的重要性，在发布会现场三个故事的运用就是一个很好的实践案例。故事本质上就是一个能被投资的蓝本，当你说你的产品好、你的团队不错的时候，你缺少了一个载体，而故事就是非常精致的一个礼盒，里面装下了你的性格、脾气、专业度，还有你的人生故事、你的经历、

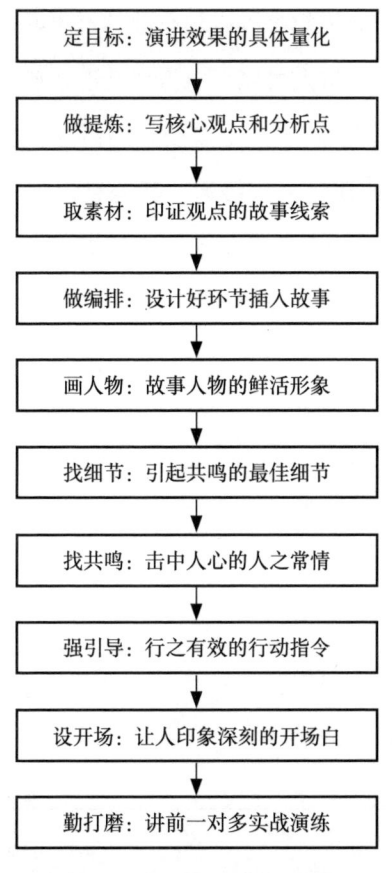

```
定目标：演讲效果的具体量化
    ↓
做提炼：写核心观点和分析点
    ↓
取素材：印证观点的故事线索
    ↓
做编排：设计好环节插入故事
    ↓
画人物：故事人物的鲜活形象
    ↓
找细节：引起共鸣的最佳细节
    ↓
找共鸣：击中人心的人之常情
    ↓
强引导：行之有效的行动指令
    ↓
设开场：让人印象深刻的开场白
    ↓
勤打磨：讲前一对多实战演练
```

图 5-1　发布会演讲设计流程

你的产品和你的美好愿景，这一切都会被一个好故事包裹起来，像礼物一样送给观众。

在辅导完华为云张总的演讲后，我萌生了制定一个发布会演讲辅导的"行业标准"的念头，希望公布自己的经验，方便国内为数不多的演讲教练可以用行业标准更好地服务客户，也希望在发布会的主讲人可以更有方法地准备自己的演讲。

基于我过去对30多家上市公司的高管以及全球范围内超过500位CEO的演讲辅导经验，我总结出来了一套发布会演讲方法，共细化到10个流程点（见图5-1），希望可以帮到你。

核心技巧

讲好三个故事：

1. 我和家人的故事；

2. 我和客户的故事；

3. 我和团队的故事。

应对采访：
15分钟访谈模板

> 抓住每一个展示自我、推销自我的机会。

当我还在做主持人的时候，常有企业家、创业者想要上节目，希望创造更多的采访机会宣传自己或者公司。而现在信息的传播方式日新月异，我们可以更简单地获得这样的机会，通过短视频、直播、私人董事会、读书会、沙龙等每一次和陌生人的交流，你都可以把它当作一次采访，而每一次采访都是为自己代言。在这一节，我想教给你的就是一套方法，学会后你可以轻松应对每一个采访场合，把握每一个营销自己的机会。

我想先跟你一起把这个任务的门槛降低一些。很多人害怕采访，其实有两大原因：一个原因是，采访比一次简单对话的时间更长，时间越长越难掌控，即使你经历过很多事情，到底要怎样在长时间里侃侃而谈、层层递进，对很多人来说都是一个难题；另外一个原因是，采访的最终目的是通过讲述自己的经历，让更多的人喜欢你、认可你，怎样通过语言和表达实现这一点，也是很多人心中的困惑。

正好，面对这两大难题，我都有解决方案。在我7年的主持生涯里，我问过《战狼》的导演吴京是否单身，问过健身博主刘畊宏最胖的时候多少斤，也和《鬼吹灯》的作者天下霸唱聊过他小时候是怎样一个胆小的人……那个时候，我总是在节目开始前的半小时，教嘉宾一会儿上台该如何表达自己，因此我积累了一套应对采访的秘诀，我把它叫作"钟型采访模型"。

这一模型的本质就是化整为零。把2个小时变成8个15分钟，从而就容易对内容、语言进行精彩的设计。在节目直播开始前，我会跟嘉宾沟通今天的采访内容、主题方向是什么，并且告诉对方，一般每15分钟是一个小模块，对应一个小话题，15分钟结束后我就会跟观众朋友说一声"接下来进入广告时间"。所以，看上去长达2个小时的采访，其实是由多个15分钟的小模块组成的。

另外，在这15分钟里，我有一套很好用的表达模板：人设点+观点+故事点+话题点。你只要能在15分钟里，完成好这4点，任何采访都不用担心，一定可以达成你想要的目标。

打造人设：说出喜欢的与不喜欢的

第一，要学会打造人设。大部分人的误区就是讲一些自我感动的故事或者空泛的大道理，但实际上往往效果都很差。其实，要想立住你的人设非常简单，你只要大胆地表达你喜欢什么和不喜欢什么就可以了。这种表达方式的好处是，让观众通过辨别你和他们之间共同的喜好和厌恶，快速地把你当作同类，从而继续听你说下去。

比如，当年我在采访作为天津人的天下霸唱的时候，我问过他一个问题："你更喜欢北京还是天津？"他回答："我更加喜欢天津，因为在天津生活更悠闲，我可以随时上街溜达，寻找灵感；而我一到北京，路过国贸中央商务区这些地方，就觉得自己的脚步都会被周围的人带快，在这样的环境下，我是很难创作出内容的……"这个回答一下子就让很多人找到了共鸣，你会感觉他不是来营销自己的，而是来交朋友的。

亮明观点：用"这样说你就明白了"来开头

第二，要在采访里亮明观点，因为表达观点、获得认可、引导别人本身就是一种影响力的体现。如何亮明观点、吸引观众也是有技巧的：讲谁都听过的道理，有时会显得缺少水平和价值；如果一下子说得太深奥，又很难让对方听懂。基于多年的采访经历，我发现有一句话特别好用，你可以把它放在观点前面作为前置语，这样很容易就能把干货给外行讲明白。这句话是"这样说你就明白了"。当你作为专业人士，要给外行解释清楚一件事情的时候，你就可以用这句话作为开头，它像是一个"魔法开关"，提醒了观点表达者的对象感，进而可以把一个专业的话题解释得更加生动、易懂。这样你不仅在观众心里获得了加分，也坐实了专业地位。

还是举个例子，当我采访天下霸唱时，在节目中问了这样的一个问题："我知道你肯定为了写好《鬼吹灯》这本书，看了很多资料，收集了一些地方传说，现在很多读者会把书中的细节当真，你觉得大家可以把书里的细节当作知识进行分享吗？"

天下霸唱的回答也很加分，他说："不可以，最好别这样。我这样说你就明白了，历史可以考证出真伪，文学作品是虚构的，本身无法成为被考证真伪的对象，不能拿着这本书去理解现实生活。就像我们从小看童话故事，你不能到了40岁，还依然拿童话故事去理解这个世界……"

说完这个观点，一个有原则、有立场的作者形象又一次深入人心。

故事营销：广告都藏在"有一次"的故事里

第三，讲出一个有细节的故事。当你抛出了人设点和观点的时候，你已经有了一个很好的采访开头，接下来你也要有一个很好的采访过程。通过讲故事，带领观众身临其境，使其对你的印象更加深刻，并且为这段采访增加记忆点。故事为什么有这么大的作用？因为故事本身会"自动撒下细节"，让观众自己发现和判断，而这些细节就是让观众信任你的小道具。打个比方，很多企业家、创业者在接受采访的时候，往往急于营销，一开口就对自己公司的实力、业绩或者个人的专业度滔滔不绝，这样的营销往往适得其反。一般我会建议他们通过讲帮助客户解决问题、达成目标的故事，把营销点埋在故事里，让观众在听故事的过程中，不知不觉地走完了一段信任的旅程。

而当讲故事的时候，我也有一个很好用的小妙招：在故事的开头，用上"有一次……"的句式。很多人以为自己会讲故事，其实不然。不会讲故事的人，开口就是讲自己的一生："我今年为什么特别顺，因为我3岁的时候……"会讲故事的人，开口就只讲自己的一次经历："我今年为什么特别顺，因为过年回老家的时候我……"

这些年的演讲教学让我发现，大部分不擅长讲故事的人是因为不知道讲故事要缩短时间范围，增加信息量。

引出话题：用"那你们"来开头

如果你可以做到前面三个步骤，那么你已经可以把接受采访的任务完成得非常出色了。最后，我们进阶一下给采访安上一个漂亮的收尾，也就是找到一个话题点引发互动。在我近10年的实践当中，关于话题点也有一个好用的话术，一旦我们说出这句话，观众就会自发地像接力赛跑一样把采访的话题延续下去，这句话就是"那你们……"。很多人不会互动，而是自然而然地把表达当成一种单向输出的模式，其实好的演讲表达都是双向的，"那你们……"这句话会帮助我们跟观众建立连接。

我们可以造几个句子。

"那你们对于这个观点，是同意还是不同意？为什么？"

"那你们有没有跟我相同的经历？在评论区告诉我。"

在采访天下霸唱的最后，我就用了这样的一个互动。"那你们小时候，有没有什么特别害怕的时刻？"这个互动的反馈特别热烈，当时采访一结束，我们节目的观众发来的各种志怪小故事刷满了屏幕，让这次采访在微博上又维持了很长时间的话题热度，帮助节目嘉宾达到了很好的宣传目的。

本小节讲的这4个步骤构成了完整的15分钟的采访内容。不管采访的主题是什么、时长有多长，你是被采访者还是采访者，你都可以用这套方法组织内容、引导对话。聪明的朋友已经发现了，这其实也是很多大流量直播间常用的直播脚本格式。希望你能融会贯通，拿来就用。

核心技巧

1. 打造人设：说出喜欢的与不喜欢的；
2. 亮明观点：用"这样说你就明白了"来开头；
3. 故事营销：广告都藏在"有一次"的故事里；
4. 引出话题：用"那你们"来开头。

第六章

公众篇：演讲让你被世界看到

学会推销自己，不只是演讲课题，也是人生课题。如何培养利他思维，在表达中摆脱自卑或者自嗨？如何真实地表达自己，被人喜欢？每个人的内心都渴望自己被世界看到，这种状态其实可以通过刻意训练获得。

经验分享：
用营销思维去表达

> 用利他思维营销自己。

其实很多人第一次上台是被逼着上去的。当销售高手拿下片区销冠时，老板总会让他在年会上去说两句，分享一下工作方法；当创业者做到行业顶尖的时候，总有人来向他请教，到底有什么经验才可以做到像他一样好。可以这么说，当你能够做好一场经验分享时，你至少可以应对80%的演讲场合。先来看几个标题，这是三个在做经验分享时的通用模板，当你不知道从何讲故事的时候，这里面一定有适合你的那一个。

模板一：做好××事情，需要解决的N个问题。

例：《做好流量变现，提前解决这6个问题》

模板二：做好××事情，一定要避开的 N 个大坑。

例：《做好创始人 IP，一定要避开这 4 个大坑》

模板三：底层逻辑＋成绩。

例：《体育老师直播矩阵卖耐克鞋，一年挣 10 个亿》

以上都是我辅导过的创业者的真实演讲主题。这些模板都经过了上百次的实践检验。现在你就可以结合你自己的实际情况，看看哪个模板最适合用于讲述你自己的故事。经验分享其实本质上是通过利他思维，营销自己。用营销思维去表达，只需做好以下三步。

用个人经历告诉观众为什么要听你讲

很多人有一个误区，他们总在刚开始分享的时候就上干货、上知识。其实，我觉得分享的要点是讲个人经历。创业者的目的是营销自己，营销过程的本质是塑造信任。通过讲述个人经历去塑造身份感、人设。人设就是完美的信任载体。同时，从个人经历切入还解决了一个问题，那就是人们在讲自己熟悉的内容和经历的时候，会有很强的交流感，也可以缓解自身的紧张情绪。

商业领域有很多演讲高手，可以把个人经历讲得非常好的当数罗永浩，这也是他和其他创业者最大的不同。例如，他去韩国打过工、连续创业失败、直播带货还清6亿元巨债……这也是我经常在线下课程中讲的"开场不说正事、不讲干货"，先讲讲我的经历，说明我是一个怎样的人。

观众可以从演讲者的经历和讲述里分析出其特质，找到他们自己青睐的形象。比如，罗永浩通过个人经历塑造的就是一个情意十足、死磕到底的理想主义者形象。这就让观众可以在演讲者身上快速建立情感连接，演讲者后面要说的干货知识、商业价值、产品推荐会更容易深入人心。

我有一位朋友叫作老肖，他是知识付费领域的创业者。我发现他在上课的时候，干货讲得特别多，而跟观众的互动很少。我打趣他道："你长得这么帅，不讲点儿个人的故事就浪费了。"我给他的建议是，调整自己的分享内容，增加一些自己的创业经历、踩过的坑、遇到的有趣的人。他一下就懂了，后来他在台上分享的时候圈粉效果明显。

由于这种分享的变化，他向大家讲述了他的个人经历：如何孵化IP，如何遭遇IP"出逃"，如何被坑，如何重新出发……当讲到这里时，之前那个稍显疏离的创业达人已经多了一层温度和情意，很多观众更愿意跟老肖交朋友了，而且更容易接受他的专业内容。他发现在第二场的分享中，现场报名他私人董事会、愿意跟他深度连接的朋友变得多了起来。

我有一位女学员,她是做女性私密护理产品的,我们都称她为"40岁创业少女"。她曾经的演讲方式是一上来会讲很多的干货,比如自家的产品有国际获奖团队的背书、销往全球多少个国家、有效成分含量达到多高标准。虽然这些事实和数据真的很厉害,但是从观众的角度来说,这些"与我无关",因此很难引起他们继续往下听的兴趣。我建议她用个人经历来引入主题,后来她的开场迭代成了下面这样。

> 我是一个40岁的创业少女,这是我的第二次创业,请各位多多指教。

演讲者得有人设、得接地气,不要急于证明你有多资深,而是给观众一个让他们愿意跟你聊天的理由。

> 我靠一张面膜赚到了我的第一桶金。我是××团队的联合创始人,我猜台下坐着的美女一定有用过我的面膜的。

摆各种"高大上"的东西没用,你要讲你的第一桶金是如何赚到的,通过第一桶金的故事展现你一直以来服务女性的创业理念。

我现在做的事情，也是为女性服务……

说出过去和现在的共同之处，增加观众对你的信任感。

其实，她个人经历的分享共分三个阶段的叙述逻辑。第一个阶段是跟大家共情"创业不易"，让大家产生共鸣，都能听得进去；第二阶段，给大家说一件你曾经做成功的有商业价值的事情；再接着第三个阶段，表明新项目的继往开来。

之后，她再开始介绍那些专业技术才更能被观众听进去。通过三段式的个人经历介绍，她的演讲效果就体现了出来。在她讲完了以后，现场的观众都不由自主地为她鼓掌。我问起现场观众鼓掌的原因，有的人被"创业女性"的经历打动，有的人赞叹她一直以来对商业价值的敏锐度，有的人被她的项目优势吸引。

当分享经验的时候，关于个人经历的三段式讲述非常好用。在第一个阶段说说自己的故事，在第二个阶段讲讲你身上最容易被大家看到的商业价值，在第三个阶段通过叙述能力迁移落到你的项目和产品上。

我们要知道改变一个人是很难的，而影响一个人是比较明智的选择。通过讲述自己的亲身经历，告诉观众你吃过什么亏，你为什么形成了现在的观点，反而最容易说服别人，这在无形当中形成了一种高级的说服力。

用"汉堡理论"给方法配上案例

当准备演讲的时候,有一个步骤是罗列演讲内容的要点和结构,这一步特别讲究详略得当。如果你的观点和理论讲得太多,或者你在某一要点上停留太久,就会不利于观众的理解。如何做到比例得当呢?你要学会用"汉堡理论"给方法配上案例。

汉堡由肉饼、蔬菜沙拉、酸黄瓜、面包等按比例搭配而成,你如果一直吃肉饼或者沙拉就会感觉到腻味,但当你把这些食材搭配在一起的时候,你反而觉得容易下咽。这和演讲的道理是一样的。当你排布演讲要点的时候,我建议你可以按照"总分总"的结构去讲,在每一个要点上,做一个美味的三层"汉堡"。

第一层,提出一个问题解决思路;
第二层,再举出一两个观众愿意相信且可以参考的案例;
第三层,教给观众一个现在就可以立刻执行的动作。

其中,第二层的案例可以占到60%,并且要尽量完整、细节丰富、便于理解;而第一、三层的内容要简短有力。

我曾经了解过一些关于音乐发展的历史文献资料,我发现一首歌曲往往前奏、主歌和副歌的部分设计得当,才会让人觉得好听。这和我所说的"汉堡理论"原理一致,这也是合理搭配、适当表达的效果体现。

用价值总结引导观众行动起来

在分享经验的最后一步，不管你前面讲的是什么样的内容，我都建议你在结尾用"价值总结"对观众进行行动引导，这是营销自己的关键一步。怎么做价值总结呢？我想通过我的一位学员的故事告诉你。

王晨是一位在扬州做美业的创业者，他有韩国留学的经历，并且早早地赚到了第一桶金，拿到了很多成绩，也加入了扬州市的青年企业家协会。有一次他在大理游学的时候，向我说："小宁老师，游学结束之后，我要回到扬州参加青年企业家协会的年会，并且还要上台发言。这次会议会邀请很多政府领导和业界前辈，可以这么说，这次上台的机会对我而言非常重要。行外人对美业可能不是很熟悉，我该怎么包装我的价值，让他们主动跟我交朋友呢？"

我心想，他在无意间问出了一个高级的演讲问题——价值总结。想做好价值总结，你只要给自己找到三个维度的价值就可以了。

第一个维度：找到一个有趣的价值。

价值千千万万，很多价值在观众眼里太千篇一律了。听了那么多人聊商业价值、社会价值，观众也会听腻。你不妨用一个有趣的价值抓住观众的兴趣。

有趣的价值是指你应该把你对客户的观察讲出来，比如王晨和在座的其他企业家不同，他是做女性美容市场的。他因为长久地跟自己的用户群打交道，所以熟知女性消费者的消费心理——如何通过消费实现对自己的物质奖励。

因此，他可以提炼出的话题是：为什么"买包"治百病？"我来教各位男性朋友，如何看懂你家夫人的消费行为，让你们的关系更加融洽。"他拿这种有趣的价值作为收尾，整场演讲的气氛特别轻松且吸引力十足，一下子就抓住了大家的兴趣。现场的领导和企业家前辈被逗得哈哈大笑。

第二个维度：找到一个短期的价值。

短期的价值是指帮助观众解决近需求，包括关系和距离层面的近。美业门店店长都是和高端女性打交道的，他们有一套自己的沟通方法——在和对方交流的时候总是先夸奖细节，比如这个项链如何漂亮，这个包怎么特别；然后再称赞对方的气质；最后肯定她的审美和家庭教育理念。这是王晨和高端女性交流沟通的三板斧，百试百灵。让每一位顾客都特别开心，之后的服务过程就变得更加顺畅。

王晨把这个方法告诉了在场的企业家或者领导者，解决了"在商务场合，如何跟女性高情商沟通"这一问题，现场掌声喝彩声不断。你看，这一维度的价值是近需求的价值，效果立竿见影。

第三个维度：找到一个长期的价值。

在这个部分，我们可以从商业思维角度出发。王晨讲了一个"她经济"的概念：当领导者制定经济规划、企业家制定企业战略时，他们需要考虑到女性消费者的崛起、女性在家庭消费当中主导权的上升；在企业经营、人才梯队搭建、产品设计方面，企业家需要考虑如何贴近女性消费的趋势。

这一维度的价值是满足增量需求的价值，这告诉大家，未来企业家该如何提升经济效益。

后来王晨按照三个维度的价值进行了分享，效果出奇地好。他还专门给我打了电话，讲述了一番他的收获：有位企业家悄悄给他发信息说解决了他和他夫人的关系问题；有位企业家跟他说，听完了分享，他找到了自己公司的产品关于女性消费的新的开发思路。这么多的领导者和企业家前辈被王晨的价值总结吸引和启发，都愿意跟他再进一步建立连接。王晨的演讲目的顺利达成了。

在经验分享里，用多维度的价值总结，触动不同的人群，让他们觉得你"很有用"，引导他们跟你建立关系就顺理成章了。

核心技巧

1. 用个人经历告诉观众为什么要听你讲;
2. 用"汉堡理论"给方法配上案例;
3. 用价值总结引导观众行动起来。

TED 演讲的启示：
让表达有影响力

> 拥有影响力的演讲，让信息、观点影响世界。

如果你是一个演讲与表达的爱好者，那你一定了解过美国 TED 演讲。2001 年，安德森接管了 TED，创立了种子基金会，并运营 TED 大会。每年一次的大会演讲都会被上传到网络，所有人都可以免费观看、分享。大会演讲的门票虽然高达 7 500 美元，但每年都一票难求。首排的观众席经常被许多知名企业预订一空。

安德森曾说："我是学哲学的，总是生活在自己的想法中。我之前就隐约地觉得，有很多好的想法如果能进行全球传播，是很好的事情。我当时有点儿钱，很想做出一些贡献。我发现，TED 是很好的工具。"他的确做到了，远在中国的我也对 TED 演讲产生了好奇：如何让不同身份、不同地区、不同文化背景的人们的演讲变得如此有影响力？

很多人会问，我们看到的电视节目不都是好的演讲吗？那些让人落泪的、让人感动的演讲，它们不好吗？细心的人会发现，对于这些让人感动的电视演讲，人们会很快忘记。而对于那些真正让我们学到新知识、听到新观点、改变看待世界方式的分享者，我们是久久不能忘怀的，这就是有影响力的演讲的威力。

我发现真正能像 TED 一样，让演讲产生影响力并被人认同的关键，不在于有伴奏音乐，也不在于能感动全场、让人落泪，而在于三个衡量标准：突出了一个共同身份、足够的信息密度、有一个值得被思考和分享的深度观点。我们如何达到这三个标准？我会对我曾经听到的让我印象深刻的一个故事进行内容拆解，从而让你有更直观的感受。

用突出的共同身份，打通与观众的"心门之路"

曾经我听过一位做养老项目的学员的演讲，她叫阿兰。她在北京、成都、海南都有项目。本来养老这个话题，对台下的中青年企业家来说，并不是一个让人感兴趣的话题。但是，她巧妙地用了一个"共同身份"来开场，从而抓住了大家的注意力。

她问了第一个问题："如果将来你们会住养老院，你希望怎么设计？"这个问题一出，现场的观众就开始争先恐后地说了起来，气氛非常热闹。

她又问了第二个问题："你们想过死亡吗？害怕过死亡吗？"现场又是一顿讨论。有的人说我梦见过自己的死亡；有的人说我从来不敢想；有的人说我早就想好了，到时候就让人把我的骨灰撒在故乡的小湖里……

在经过这两个问题的互动后，阿兰很巧妙地给大家植入了一个心锚——我们要及时行乐，愉悦自己，珍惜生命。而且她赋予所有人一个共同的身份——我们是一群珍惜生命、愉悦自己的人。接下来，当她开始介绍自己的养老项目的时候，这群要愉悦自己、对未来生活有品质要求的人，就更加容易听进去了。这就是"共同身份"的妙用。

关于这一点，还有一个加分技巧：你要为一群人发声，这样你会获得大家的拥护、支持；你要为一个人而战，一个人更具体、可感，而这一个人的背后是一群人。

在很多演讲高手的表达里，我们都能听到关于共同身份的自白。

罗永浩："我们这些不服输、有理想、有追求、会死磕的人。"

俞敏洪："我们这些从小家境并不优越的老实孩子。"

樊登："我们每一个渴望成长的普通人。"

李开复："我们这些希望让外国人刮目相看的中国创业者。"

徐小平："我们每一个有梦想的年轻人。"

我们都一样，我为你而战。

用足够的信息密度，让观众产生"价值好感"

如何提高信息密度呢？我们回想一下，当我们在学校里写论文的时候，基本上是基于一个实验数据、一个新观点来展开的，这就是信息密度。这跟我们小时候写的作文不同，论文往往是基于基础调研，而小学作文常常是基于主观感受。当你通过一个接一个的调查研究、数据、新发现去推进叙述逻辑时，内容的信息密度就会提高。

经营养老社区的阿兰在现场问我们："大家知道中国是哪一年正式进入老龄化社会的吗？"我们猜了很多年份，后来她揭晓了答案："2021年。"我们都很意外，原来我国老龄化的速度这么快。让我们感到意外的信息还有很多：她给我们讲述了中国养老市场的现状，开办养老社区的过程当中遇到了哪些问题，开一家养老院需要多少成本，每一个老人每个月的入住收费标准是多少，这个城市有多少老人表示愿意住养老院，实际上有需求但没有住养老院的老人占比是多少……

她发现，开了一家养老院，就等于重新过了一辈子，不仅重新认识了一个消费群体，也见识了各种各样的人情冷暖。她这一段话的信息密度非常高。她向我们分享了我们没有听过的社会现状、商业逻辑。我特意观察了现场的观众，大家听得津津有味。她的分享包含了调查研究，以及一组又一组的数据，再配上她的亲身感受，效果完全不一样。

只有当新的信息、新的假设不停地冲击我们大脑的时候，我们才会被这些内容吸引，这也是演讲影响力的核心来源。

用值得被分享的观点，让观众拥有"记忆锚点"

很多人在演讲中会提出很多观点，但我认为值得被分享的观点只要一个就好。学会把你的行业观点推广到整个社会，那就相当于影响力破圈了。

在阿兰分享的养老社区项目里，她观察到一个现象：在美国，退伍老兵、社区社工、公司职员等人群在工作的时候都神采奕奕，但当他们老了时，其子女和身边人对他们的关注度会降低，因此他们很容易患上老年抑郁症。药物治疗的效果甚微，最终的解决方案就是引导老人去建立社交圈，让日常生活充实起来，从而帮助老人走出抑郁。

阿兰的养老社区也在践行这一点。他们组织老人参加社区里的多种社交活动，比如书法、编织、下棋，帮助老人建立社交圈，从而避免陷入低落和抑郁的情绪，同时提高幸福感。由此，她总结出一个观点："人的一生都需要主动社交。"特别是对即将老去的我们来说，尤为重要。

她把一个行业观点推广到了社会层面，这会给更多的观众留下更深的印象，并且会在二次传播时形成更大的影响力。很多商务人士只会讲自己行业内的观点，却没能"出圈"就是这个原因。以演讲高手乔布斯来说，他那些"出圈"的言论大多和底层逻辑或者人生哲理相关，其影响力非常广泛，这就是为什么他在商业领域能够影响大众流行文化。

回顾那些给你留下深刻印象的演讲，你会发现，大多数演讲高手都有意无意地踩中了以上三条标准。我建议你从现在开始，为你的演讲赋予一个共同身份，提高信息密度，再提炼出一个值得被分享的观点，相信你也可以圈粉无数。

核心技巧

1. 用突出的共同身份，打通与观众的"心门之路"；
2. 用足够的信息密度，让观众产生"价值好感"；
3. 用值得被分享的观点，让观众拥有"记忆锚点"。

大赛发言：
做到跟别人不一样

> 想赢比赛，就要有竞争的策略，说话也是如此。

在某些重要的比赛中，如果仅靠说话就获得成功，那么人生际遇往往会发生转变。这种说话技巧着实值得我们好好研究和认真练习，因为它的投资回报率简直高得不像话。

当年，作为一个普通的一线主持人，在2013年的广电总局业务技能大练兵、中央人民广播电这台首届脱口秀比赛中斩获亚军，首次让我走进了众多台里领导、播音前辈的视野，作为新人崭露头角，成为大赛演讲的受益者。

大赛演讲的准备时间短、主题鲜明，需要更有感染力的情绪、更有记忆点的人设，更要有赢的策略。在这个小节，我会通过我实际辅导过的两个参赛案例，展现一套成熟的应对方法，让你可以在任何一个有观众、有评委，需要竞争拿结果的发言场合稳赢。

做好大赛发言的第一步就是要差异化。差异化有两个层面：第一层是选题的差异化，第二层是风格的差异化。

为什么第一步就要聊差异化？我们想想，坐在大赛评委席、观众席的人们，一天至少要听10场演讲，一年要听几十或上百场，他们已经听腻了大同小异的表达。这个时候，如果你能做出跟别人哪怕一点点的不一样，那么你也一定可以增加取胜的概率。

我曾经辅导过一位学员，她叫启晗，是一个非常享受舞台的女孩子。那一次，她参加的是第69届环球小姐中国区大赛，获得了"公益大使"的称号，现场真是百花齐放、竞争激烈。面对公益这个话题，大部分比赛佳丽的思路可能都是从城市到农村，亲眼见证生活的艰难，从而促使人们从事公益，这是一套比较标准又传统的发言思路。我跟启晗沟通，不如策划点儿不一样的，讲述从"曾被人帮助"，到自己被这种行为感染，进而开始乐于助人、践行公益的心路历程。

紧接着，我们梳理了启晗在大学勤工俭学期间收到的来自前辈的帮助和指引，这在她的心里悄悄地埋下了一个助人为乐的种子。当她知道自己有能力回馈他人的时候，她就将"他人助我"贯穿到"我助他人"的行动理念之中，一下子和别人普通的主题拉开了差距。我一看现场评委和观众关切的眼神就知道，我们的目的达到了。

所以，当你在准备大赛演讲的时候，你可以花些时间想一想，在这个主题之下，大多数普通人会怎么说？在避开传统套路的同时，给自己设计一个不一样的思路，从而赢得关注。

关于选题的差异化这一点，我们还可以来点儿升华。我曾经帮助一位家居设计师子叶，在高手云集的设计师展演中赢得胜利。当时，我们在分析了其他设计师的主题之后发现，很多人的重点还是落在业务和技术的层面，比如，我的作品到底是如何设计的，应用了怎样的新设计元素和工业技术。在这些演讲主题里，我们不妨来点儿升华，拔高立意的同时也能凸显差异。

我们不仅要讲设计、讲业务，也要挖掘主题背后的价值观、人生观和对人性的洞察，这样才能直击观众的内心，给其留下印象。子叶是一名女性设计师，因此我把她的特点定位在女性的坚韧品质上，在满足安全感的空间设计需求的基础上，结合她曾经面临的情感变故、团队成员离职等困境。这让子叶的展演主题一下子就不一样了，还让评委牢牢记住了眼前的这位女设计师。

从立意升华的角度来看，我们只要稍加用心就可以做到差异化。那第二层的差异化——风格的差异化，就更加容易上手了。

在大赛现场，你可以观察周围选手的表达风格。如果大家都走煽情和感人的风格，那么你不妨试一试克制和冷峻的感觉；如果大家都是既严肃又正经的，那么你可以加一些幽默、轻松的表达。表达风格的不一样，是评委可以最直接感受到的差异化。用好这两种差异化，你一定可以给评委留下深刻的印象。

接下来，大赛发言的第二步，你要争取立住一个和主题契合的人设。

回到启晗参加环球小姐比赛的例子，你会发现在我们设计的故事中，启晗在弱小的时候被别人帮助，在自己强大起来之后帮助别人，这些素材都是为了帮助她立住一个从弱变强的人设。通过主动示弱、敞开心扉，以及"由人达己"和"由己达人"这样的一段经历，告诉别人"普通人也可以做公益"，从而直接赢下比赛。

同样地，在子叶参加的设计师展演大赛中，相比技术精湛、实力雄厚的设计工作室，获得更多评委认可的反而是子叶这样一个有女性独特品质的设计师。

我见过太多的参赛者用了大量时间证明自己的优秀，最终却输掉了比赛。他们忘记了故事其实是为人服务的。除了表达的技巧、风格、内容，评委更加看重的是在比赛主题之下，哪位参赛选手更符合现实的要求，更能打动观众。如果没有花时间现场塑造人设，你的实力再强也可能会被观众忽略。这一点，值得谨记，千万不要为了赢而踩了坑。

大赛发言的第三步，公布你的预期计划。

要想观众为你投票，需要感性的认可，也需要理性的证据。你的计划，就是很好的证据。

启晗在比赛里最后的发言内容是：如果我有幸被评选为公益大使的话，我打算具体做哪些事情、帮助哪些人；我的计划是什么，我的实施方法又是什么；我期望得到什么样的支持……这些内容说得越具体越好。

我为什么会这么设计？因为，在这一次的大赛主题之下，我判断评委和观众对于候选人的预期一定是她本人可以践行公益，实实在在地做出一些行动，并继续倡导大赛所传达的公益理念。所以，在最后，她用具体可感的细节来满足观众的预期，也在现场做出了承诺，赢得了大家的信任。

在这一小节，我们一起梳理了在大赛发言时如何取胜的方法。看上去这是在和选手比拼、获得评委的认可，实际上我更想告诉你的是，在表达之中，要做出正确的竞争决策。正确的竞争策略是适用于所有表达场合的核心技巧，值得每一个人不断学习。

核心技巧

1. 寻找与其他人的差异化;
2. 立住和主题契合的人设;
3. 公布你的预期计划。

第七章

短视频 IP 表现力

当今时代，短视频和直播已经成为新的流量经济，线上的演讲能力也成为创业者打造个人 IP 的首要利器。"那些不如我的人，没有我专业的人，却在流量平台上大胆表达，获利比我更多。"这成了很多创始人心中的隐痛，因为当下的个人 IP 已经成为放大影响力的超级杠杆。

很多人做短视频的时候都会遇到一些问题，比如说：有文案的时候，念稿的痕迹特别重，拍出来不自然；在镜头外聊得特别流畅，团队策划得极其完美，甚至每一个桥段和槽点都设计好了，但是当镜头或手机举起来的时候，效果常常不尽如人意。

问题在于大部分人没有像主持人一样经过科班训练，他对镜头前的表现力是陌生的，有干货、有知识、有实力，却无法施展。如果能在短视频表现力上有所提升，在镜头面前放开自己，那么客户就会回到你的手上。让我们带着这样的目的开始这一章节的内容。

我是字节跳动、抖音、快手 2020 年网红博主培训的合作讲师，在抖音上运营着一个有百万粉丝的口播账号。作为 20 多位百万粉丝博主的 IP 商业顾问，我陪跑出多个细分赛道的变现头部 IP。我不仅会教、会做，也有很多案例。我希望把我关于短视频 IP 的经验和技巧分享给你，帮助你快速上手，打开流量之门。

明确策略：
找到短视频 IP 的"人货场"

> 方向要对，努力才有用。

不管是短视频还是直播，要做好个人 IP，就要想清楚适合自己的"人货场"。我见过很多大网红、创始人 IP，我发现，有的人流量精准，变现效率高，而有的人虽然有上百万的粉丝，但除了广告费，很难有其他稳定的变现。大部分都是商业定位出了问题，也就是我们常常说的"定位定生死"。

用刚需好货建立价值基础

在"人货场"当中，我把"货"看得最重要，因为"项目（货）越好，IP 越好做"。比起一门心思地涨粉"要面子"，更重要的是跑通变现"要里子"。

2021年，杭州是传统电商、直播电商、网红博主聚集最多的城市。行业里流传着一句话——"新手学技术，高手选赛道"。

我的一位学员，原来是杭州的一名体育老师，大家都叫他小曹总。他无意中发现抖音上的折扣运动鞋特别好卖，于是辞职后开始直播卖鞋，一年赚了1 000万元。后来，他做了一个重要的决定：复制直播模式。他火速招募主播，打造了几个类似的直播间，凭借技术优势和奥特莱斯的供应链，一下子把这个赛道吃透了，一年的营业额冲到好几亿元。

不仅是"货"，卖课和咨询领域的知识付费也是同样的道理。就拿我自己来举例，在2019年新冠肺炎疫情暴发之前，我的业务重点是线下的演讲培训——让创业者面对台下的观众轻松自如地演讲；而在新冠肺炎疫情暴发之后，大部分北、上、广、深的公司正常经营都困难，线下的演讲内训需求自然就减少了。但是，短视频直播平台的兴起让我发现线上短视频口播的需求陡增，在我看来这就是一个好赛道，因为打造适合的产品即可。而且，线下商业演讲和线上短视频口播的底层逻辑是相通的，把短视频发布在抖音平台上，就是一个抖音化的热销"货"。

任何传统行业想要结合新媒体，都不能老板一拍脑门，带着团队瞎转型，而是应该在当时流量最高的新媒体平台，观测优秀同行的有效动作和产品，找到自己对的方向。

用场景建立视觉信任

经常刷直播间的朋友一定非常熟悉,现在的直播间竞争越来越大,很多直播间都是精装修、重设计,一看就非常有场景感。比如港式餐厅的墙上贴旧报纸,海鲜餐厅设计成渔货市场的样子,你就特别想进去吃个饭。这个底层逻辑和直播间是一模一样的。让用户产生信任的手段有很多,"视觉效果"就是其中一个非常重要的因素,它直接决定了观众1秒内的决策"要不要进去、停下来看看"。做直播如此,做短视频更是如此。

说到场景,首先请一定记得最基础的一点:在光线充足的地方拍摄。光线充足的场景可以让你的画面更细腻、形象更清晰。然后,记得控制景深对自己画面的影响,也就是说,人物背后有空间,视觉上看着不压抑,观众就可能多一点耐心,把你的内容看下去。

当然,如果有符合人设的场景布置,那是最好的。如果背后只有一堵大白墙,那么你就丧失了用场景建立视觉信任的机会。比如,你如果做的是一个历史类的账号,那么可以选择古色古香的拍摄场所,放一个铜炉,点上一炷香,摆上几座精致的木雕,立上一个书架,都可以快速建立用户的视觉信任;如果你做的是教育培训类的账号,拍摄时你的获奖证书、专家荣誉、成就奖杯甚至教学现场,都是很好的场景元素;如果你是卖茶叶的，直接在炒茶的工作间开直播；如果你是卖家庭日用品的，甚至可以专门租一套房子当作直播场景，在每个屋里摆满商品，主播边走边卖。

让用户快速识别你的人设

讲完了"场"，我们说一下"人"。在我来看，"干一行，要像一行"这很关键。如果你是一个老板，那么你看起来最好有点儿派头；如果你是教师，那么你就是斯斯文文、气质儒雅的。这样做的好处是，让陌生用户在网上看到你的时候，快速识别你的人设，降低解释成本。如果你的团队想要玩儿"反差"，出奇制胜，那就另当别论了。如果你不知道如何打造人设，我建议你可以付费找专业的形象造型师，也一定是物超所值的。

人设，是吸引流量的抓手，也是用低成本建立信任的工具。

除了"像"，进阶做法是实现人设的高价值。一开始，你的视频内容传递的是知识、信息，之后你如果要实现变现、转化，就必须彰显你的实力和魅力，从而吸引加盟商、合作方、大客户等。这就难坏了很多创业者。脸皮薄、不好意思营销是大多数创业者的通病。而多年的主持人、演讲教练、自媒体博主经验，让我很清楚如何"厚着脸皮"展示自我，这是很多朋友找我帮忙的原因。

莉姐生活家的创始人莉姐是我第一个陪跑的百万粉丝创始人IP，她是收纳整理赛道的头部IP。原来刚开始拍知识类内容时，后台私信的都是学员，后来加了一条内容线，渠道合作的线索增长十分明显。我们做了什么改变呢？

一开始，莉姐的视频内容主题是，用非常有亲和力的居家形象，就像一个邻家大姐一样分享一些收纳整理的小妙招。这样的人设也就决定了莉姐能带的货只是一些价格亲民的家居厨房用品，或者面向学员的收纳整理课程。

我们再看增加了一条内容线后，人设有了很明显的不同。黑色的背景，简单干净。人物轮廓光使莉姐的穿着更具有质感，莉姐也放慢了语速。视频内容从行业讲到人性，分享创业背后的故事，塑造行业领军人物的价值观。人设的商业气质增加，直接吸引了更高付费意愿的客户和重要的合作渠道。

核心技巧

1. 用刚需好货建立价值基础；
2. 用场景建立视觉信任；
3. 让用户快速识别你的人设。

氛围感：
制造一种可以围观的感觉

> " 有氛围的地方，就容易有人气。 "

很多人可能白天有自己的工作，不可能把百分之百的时间和精力放在拍视频上。所以，创业者在刚开始做自媒体账号的时候，我建议可以从口播做起。区别于剧情、段子等拍摄复杂、时间成本高的内容形式，口播就是"对着镜头说说话"，只需一部手机，其时间成本和试错成本都是最低的。可一旦开始拍摄口播短视频，很多人会遇到一个问题，面对镜头要么说不出来话来，要么干巴巴地念稿，毫无感染力。这时，表达的氛围感就很重要了。

与多个人同时交流

2020年做口播短视频的时候，你会发现平台上基本都是专家型口播：在"高大上"的办公室里，灯光一打，西装革履的专家往那儿一坐，再安排个人来做采访，这样就可以拍出有流量的作品。慢慢地，创作者都专业了起来，而观众的新要求又产生了：不仅要专业，还要更接地气、更有亲和力。

从专家说教式，到朋友聊天式，平台观众审美的改变只用了一年。于是，很多内容创作者开始在烧烤摊、客厅、咖啡店等一些非正式场合，用很轻松的口吻拍视频。当你刷短视频的时候，这种轻松、有亲和力的内容很容易让你看下去，毕竟大多数人可能都是下班回到家后洗完澡躺着时，以一种放松和娱乐的状态刷短视频。

而我在实战中发现，当拍摄视频时，博主不要独自一人面对镜头，尤其是新手博主，不然他可能会因为紧张、难为情而产生抗拒和躲避的心理。比如说我自己录制视频的时候，面前都会有我的伙伴，我可以在现场找到一种与人对话的交流感。当博主身边有人时，镜头就会变成观众，博主的不适感和紧张都会得到很大缓解。人一多，气氛就热起来了，被拍的人也就想说话了。

增加一点儿随意感

第一个方法是"呼吸拍摄法"。

看看你平时是不是这样拍视频的：助理把机器一架，你在镜头前就开始输出了，"我是做房地产的，挑房子首先要注意三点：第一，第二，第三……"。这样的视频非常刻板。这个时候，你可以借鉴一些娱乐博主、美妆博主轻松的拍摄方法。

我比较喜欢一个叫作田田的博主，其拍摄手法就是闺蜜拿着手机，边拍边和她聊天。你细心观察会发现，镜头是微微有起伏的，忽前忽后、忽左忽右。这种"第一视角"非常具有代入感，它代表的是观众视角，好像观众就在博主的身边，非常自然。这就是有"呼吸感"的拍摄手法。

第二个方法是"三角拍摄法"。

很多人就是靠这个方法治好了自己的"镜头尴尬症"。"三角拍摄法"现场从幕后来看就是，和你聊天的人正对着你，镜头在两人旁边，形成一个三角关系。当视频拍摄时，博主面前有一个真实观众，旁边是虚拟观众（镜头），通过不时地切换交流对象，就会产生一种自然的交流感，博主在表达时也会更自信，从而克服镜头恐惧。

第三个方法叫作"手持拍摄法"。

你有没有发现，只要镜头在你前面，不管谁举着手机、架着相机都容易让你紧张。只有一种情况例外：你自己拿着手机边走边说。我就经常在机场、酒店，自己拿起手机边说边拍。在这种状态下，你会发现你说话自然了很多。

正如抖音的标语是"记录美好生活"，我每个月上大课时，都有几百位老板来到线下听课，这对我这个讲师来说也是一个值得记录的工作场景。当我将这些场景发布出去时，我也会进一步传递给我的粉丝一个信息：王小宁是一个有实力、有魅力的讲师。我在线下上大课时，从来不错过任何一个值得记录的机会。

在你的工作和生活当中，如果有洽谈、拜访、参会、参观的机会，现场人员的情绪是很难在事后完整地表达出来的。所以，在这些有价值的场景中，你一定要好好对现场进行记录，这样视频内容的感染力才会大大增强。

除了以上 3 种拍摄方法，根据不同的行业、团队状况、人物特征、内容定位，还有更多的拍摄方法等待各位去实践和解锁。在今后的日子当中，我期待在线下的交流中也能给你提供更个性化的解决方案。

核心技巧

1. 对镜说话,不如与人交流;
2. 换个拍法,更加自然灵动。

精炼语言：
短视频比平时说话短

> 文案，是输出的垫脚石，也是表达的绊脚石。

对于预先写出来的文案，你是不是改了很多次还是不满意？陷入写稿、改稿、废稿的自我消耗之中，慢慢丧失了拍短视频的兴趣。实际上，当我教学员做 IP 的时候，我都要求他们在一开始的时候先不用文案，而是先激发自己的表达欲，进入心流状态，找到讲故事、聊天的感觉，再理出自己的视频结构。如果一开始就用现成的文案的话，一定是会影响发挥的，这跟演讲是一样的。

如何张口就说？我的答案是，那可太难了，除非你是类似主持人、演员、讲师这种经过刻意训练的语言工作者。所以，要想成为一个优秀的自媒体博主，是需要经过训练的。

而在镜头前进行表达时，大部分的朋友有这样几个问题要解决。

（1）说话抽象、不接地气，怎么办？

答：回看自己的一条视频，看看用了多少书面语、专有名词、非生活用语，把它们全部转换成大白话再拍一遍，然后拿两条视频做对比，区别是什么一目了然。

（2）说话时"嗯、啊、哦、然后"语气助词特别多，怎么改？

答：把这些助词全部改为停顿，刻意练习会有惊喜。

（3）废话特别多，一条视频拍了半个小时，怎么办？

答：练习用5分钟叙述一件事，剪成2分钟以内的短视频，刻意练习会有惊喜。

其实拍短视频很像是拍戏，即兴发挥很难有成熟的作品。大多数时候，每条视频我们都需要一个拍摄的脚本框架，以及一个能在脚本基础上发挥的"演员"。面对前来寻求帮助的博主和团队，通常由我来训练博主如何做"演员"，我的团队会训练对方团队如何制作拍摄脚本。

一口气拍完一条视频，就像是电影里的"一镜到底"，难度非常大。所以，通常脚本的意义就是"分段拍摄"，这样大家的压力都会小很多。一条口播短视频通常有几句话或一个段落，背词的压力大大降低，"演员"就可以专注于表情和动作这些层面了。

核心技巧

1. 精练语言，抓住内容的重点；
2. 分段录制，找到表达的节奏。

表情语气：
情绪能让流量起飞

> "有个性的人常常展示情绪，获得粉丝。"

怎么实现有情绪的口播表达？短视频吸引观众停留的最重要原因就是情绪。回想一下你看过的短视频，有些博主在开头就大喊大叫"出事了"，或者伴随着"噔噔噔"的背景音乐，让人不自觉开始紧张，又或者一开始就制造一个矛盾冲突。这些都是因为博主想通过情绪来留住观众。

好的表达也会给视频增加情绪。很多人对短视频表现力的理解还只是停留在镜头前输出干货的阶段，这就导致看自己的视频会觉得没劲，陷入自我怀疑：我的表情、语气怎么这么没有感染力？说话太平淡了，怎么办？

表情少，就离近点儿拍

我在教学实战过程当中，发现了一个规律：如果你的表现力特别强，中景或全景的景别都不会减弱你的感染力。

如果你的风格比较正式，表现力没有那么强，那么我的建议是你的脸要离镜头近一点儿，也就是说，把脸放大才能看清表情。很多优秀的创业者，性格内敛，都会选择近距离拍摄。哪怕这个时候你的表情是细微的，你的声音是低弱的，你的那些表情和语气的微小变化都会被镜头放大。

如果是门店探访、外景拍摄，那么我会建议拍上半身的走动类视频。你可以刻意让自己的动作幅度大一点儿，做一些互动，这会让观众觉得你很活泼。"要么脸变大，要么动作变大。"记住这个口诀，你的表现力就会提升，这是完全不需要苦练能力就可以马上提升视频表现力的方法。

声音放轻松，更有亲和力

把声音放轻松，可以帮助我们黏住观众，增强表现力。反之，人在紧张的时候，声音尖锐反而容易失去观众的注意力。回忆一下，你有没有在大会现场听过这样的开场："尊敬的各位来宾、各位朋友，晚上好！"这种声调，不会引起你的注意，但当有个人走上舞台轻声说话时反而会引起你的关注。

我建议那些上来就高声营销自己但效果很差的商业博主，多看看美妆博主的语言表达，你会发现不用大声说话也能获得百万粉丝。你的声音越放松、越随意，就像跟朋友闲聊天一样，就越容易让粉丝靠近。

不要一直看镜头

过去十几年我一直在跟镜头打交道，无论是在电视节目还是在自己的自媒体账号，我都积累了非常多的镜头应对经验。

当你看镜头的时候，它像是一个黑黑的无底洞，很多人越看越慌，就更不会说话了。当灯光亮起的时候，你可以盯着镜头下边缘的亮光点。因为比起空洞的镜头，那个亮光点是实实在在的，你一眼就可以看到，所以就会安心很多。

在学会了看镜头后，新的问题又会出现。新手会一直盯着镜头拍摄视频，无论如何也挪不开目光。你需要开始刻意练习，说话时要时不时地看别的地方。

曾经娱乐圈的一位影帝告诉过我："如何判断一个人是老戏骨？你就看他拍戏的时候，眼睛会不会看天、看地、看自己。"我表示不理解。他列举了《花样年华》里梁朝伟演对手戏时，几次看向别处的目光，还有低头看皮鞋时自嘲的笑容，我一下就明白了。

核心技巧

1. 表情少,就离近点儿拍;
2. 声音放轻松,更有亲和力;
3. 不要一直看镜头。

展现实力：
不要落入知识的陷阱

> 过度专业吸引同行，适当专业吸引客户。

在自媒体盛行的今天，每一次上课，我都会问来自天南海北的创业者同一个问题："这个行业里，通过自媒体流量变现最好的，并不是你们这个行业里最专业的，而是最会说的，对不对？"每次这个问题一抛出来，台下就有一片人拍着大腿说："对！"

很多时候拍短视频会陷入一个误区——我是不是不够专业？我的干货是不是不够多？其实我们要明确一点：大部分客户肯定不够专业。这就是为什么很多创作者的专业内容吸引了一堆同行，而没有吸引客户。所以，我们不需要追求极致的专业和过多的行业优越感，面对客户只要把你的实力和魅力展示出来，就算达成了目标，这就是营销的本质。而这一点，很多人一生都没有搞明白。

怎么通过短视频内容去展示实力和魅力呢？有三个非常具体的方法。

参观门店

你可以调研一下，凡是跟实体门店业务有关的博主，只要拍有关门店场景的内容，其流量相对于其他内容都会更好。这是因为好视频具备多种要素。门店场景在视觉上可以展现丰富的信息来吸引观众停留，包括环境、产品、服务、人员等。另外，拍门店的视频画面是流动的，当博主在视频里走动、与他人互动的时候，博主就会表现得更加自然。

最重要的是，公司、门店、工厂场景直接展示了博主本人的商业价值。员工数量、办公设备，这些其实是在偷偷地给观众展现实力。如果你天天在影棚里拍视频，很多粉丝不一定相信你的真实身份。

我还有一位学员，他叫飞哥，是风田集成灶的创始人，也是中山顺德厨电领域的领军人物，他亲自带出来了60多位老板。他就曾经邀请众多企业家同学、博主朋友参观他的产业园、合拍视频，让很多粉丝记住了一个有实力的老板人设。从他的评论区里就可以看出其粉丝的信任度很高，大量留言都是关于咨询创业问题、制造业二代创业者的业务交流以及合作需求。

超级案例

如果一个特别厉害的人是你的客户，这个信息被观众接收到了，那么观众也会自然而然地觉得你真的有实力。

以前有个在北京跟我学习演讲的学员，她的公司做的是超5A写字楼里的空气净化系统。当时她说了半天，现场的其他学员压根儿没听明白她到底有多厉害。后来实在没办法，我就问她："你有没有什么客户案例？"这一问不得了，她说北京的最高楼"中国尊"（北京中信大厦），用的就是她公司做的空气净化系统。这一下子所有人都明白了，她的业务做得很厉害。

如果她要拍短视频，就可以这样设计。在北京第一高楼的楼下，开始介绍："听说'中国尊'的顶层有一个全北京位置最高的下午茶餐厅，今天我要带你去试试看！顺便拜访一下客户，毕竟他们的空气净化系统是我们公司做的……"这一下子，公司雄厚的实力就展现在观众面前了。

关于客户回访的视频很快能给你带来价值，而且在拍摄当中如果可以体现客户的感谢、认可那就再好不过了。如果客户是个健谈的人,你就多聊聊他有多厉害。很多时候,我们自己说100遍自己的优点,不如别人说1遍。你的客户有多厉害,别人眼里的你就有多厉害。

客户心声

通常,演讲的高手不是为一群人发声,就是为一个人而战。如果你在视频里能替一群人说出他们的心声,引起他们的共鸣,那么你也可以顺便展现你的实力。

我曾经有一条爆款视频,主题是"来杭州创业吧",讲出了很多人因为想将流量变现而来杭州发展的心声。我在视频中还说:"现在平均每月有一位因为我来杭州发展的创始人,比如……"视频中的很多内容其实是学员平时的原话,所以拍出来效果特别好。评论区里很多人都产生了共鸣并互相讨论,直接拉升了视频数据,而视频也获得了平台的持续推流。

我也曾经拍过一个选题,叫作"北上深的女创业者是怎么搞钱的"。这条视频的文案是我即兴发挥的,因为我过去在国内的9个城市讲过课,我非常了解这些一、二线城市精致的小姐姐,她们创业的想法和心理状态。所以,我讲出来的东西是真实的,在这个群体里是有共鸣的,这条视频的反馈也就特别好。

我辅导过 20 多位百万粉丝博主，帮助他们突破涨粉瓶颈。有一个屡试不爽的建议是，给你的视频加上人情味。

我有一位学员，是二手车领域的头部博主，他的账号叫"星哥权车"。他向我抱怨账号突破 100 万粉丝大关后就涨粉很慢，有什么方法可以改变这个局面。

看完他的账号，我发现他过去大多数视频都是围绕着车来拍的，时间长了拍得再好，观众也难免会有审美疲劳。我建议他："换个思路，以后星哥'权'的不是车，是人情冷暖、世间百态。"我当即给他策划了一个"回到老家，小学同学聚会"的主题，设计了和美女同学聚会时收二手车的场景。美女同学的出现，激活了大量的男粉丝，引爆了评论区。同时，他又连续拍摄了帮车主挽回女朋友、帮儿媳妇孝敬婆婆等有人情味的内容，又提升了账号权重，涨粉再次进入快车道。

说了这些方法，你会发现有的时候做短视频，不是卡在基础的技巧上，而是卡在做视频的思路上。如果你的思路陷在一个误区里，你会白费很多精力和努力，这也是很多人做视频一直没有起色的原因。

关于商业方面的学习，我最常说一句话："有时改变人命运的，不是知识，而是圈子。"你现在需要的是什么？别自己想，多出来看看。

核心技巧

1. 参观门店；
2. 超级案例；
3. 客户心声。

故事讲述：
打开影响力的金钥匙

> 做短视频，如果你什么都不会，那就从讲故事开始。

故事，是建立信任的高效工具。在听故事的过程当中，观众自己会找到蛛丝马迹，脑补出与你的关系，这简直是世界上最好的"软广告"。

展示自己的逆袭

第一个讲好故事的方法就是展示自己的逆袭。如果你去翻一些大博主的抖音账号，你会发现在置顶的视频里，都会有一条主题为"一个普通女孩/农村男孩的十年"的视频，我把这种选题称为"十年体"。虽然这个选题很多人都拍过，但是不妨碍它很管用、很容易火。究其原因，是因为"十年体"

大多都有一个强烈的对比，大部分人小的时候打扮得都比较土气，会让观众有同理心或者优越感。原来是一个普通的小镇青年，后来逆袭成了身价不菲的老板，所有人都喜欢看这种逆袭故事。

"十年体"是一种故事的叙述方式，你可以放上照片、配上音乐，用粗大的文字显示关键信息，比如时间、转折点，带着观众像看电影一样去经历你的变化，一起从黑暗走向光明。

一条好的逆袭故事视频，可以让你的每一个新粉丝很方便地在主页重新认识你，既有温度又高效。如果你还没有一个讲故事的视频，不妨去试一试自己的"十年体"，梳理一下自己逆袭故事的来龙去脉，把自己介绍出去。

解决问题，套上故事

第二种讲故事的视频也很简单，你只需要做好两步：第一步，在网上搜索在这个行业领域，大家普遍遇到和关心的问题，把这些问题作为选题；第二步，把你自己的故事作为案例，给出解决方案，这就是一条合格的短视频。

这些选题一定有许多人拍过，这些选题也一定火过了很多次，但是请你不要担心，火过的选题一定会再火一次。比如，你一定在网上看过这些短视频，"创业第一年，我遭遇了合伙人的背叛""3次失败的创业告诉我：人一定赚不到认知以外的钱"。你如果有相似的经历，就可以讲讲自己创业的故事、自己踩坑的故事，把自己的故事套在这些热门问题中，用话题和故事把自己宣传出去。

我曾经有一位做了8年餐饮创业的学员，她叫乐乐姐。她在拍短视频的一开始，总是找不到状态。后来，我跟她深聊了一次，让她给我说说那些餐饮创业中大家都很关心的、经常遇到的、很想解决的问题。

"那可就太多了。"乐乐姐开始给我盘点那些创业坑。比如：在品类选择方面，在一个地方卖包子和卖面条可能生意差了一大截，或者有的品类一开始的时候能火一阵，但是生意越做越差；夫妻店生意做大了，但是不能规模化该怎么办；有好的项目要如何选址，开在马路这头和马路那头可是天差地别；当你的店开到什么程度的时候，你才可以开第二家店。

这些问题一出，我就知道："这回爆款视频有了！"

果然，乐乐姐回去围绕这些话题加入自己的故事，拍了视频发了出去。果不其然，她拍的这些视频不管是在抖音上还是在视频号上都成了爆款，帮她获得了不少精准的流量。这个招数特别好用，因为永远有无数的热门话题，永远有同行业解决不完的问题，你只要用自己的故事和经历去回答问题、给出方案就可以了。可能就会有人担心：我的故事没那么多，万一重复了怎么办？我的答案是，同一个好故事，每隔一段时间，讲给不同的新粉丝听。而且每次讲，效果都会不一样，互联网是没有记忆的。

触景生情，让人感同身受

第三个讲故事的方法叫作"触景生情"。有的时候，拍视频会走入困境：故事都准备好了，但是博主面对镜头就是讲得干巴巴的，自己不满意，团队也丧了气。这个时候我建议：走出去拍，去现场拍。

我记得有一段时间，互联网大厂经历了一波裁员潮。那天，我跟助手正好在一个有很多互联网大厂的地方喝咖啡。日落黄昏，万家灯火，人来人往，大家行色匆匆，那个场景特别有一种让人拍下照片、发鸡汤朋友圈的冲动。这样的场景，是会让人触景生情的。

当时我就对助手说："此情此景，要不要讲一讲当年我是怎么从体制内出来的？"我的助手也反应迅速，拿起手机就开始拍。就在熙熙攘攘的人潮背景里，天色将晚，我讲述了我是如何从中央人民广播电台辞职出来创业的故事："那个时候，我虽然资历尚浅，但拿了中级职称、主持人大赛一等奖，就在我的势头正往上走的时候，我决定放弃'铁饭碗'出来创业……"故事末了，助手听得入迷，暂停键都忘了按。就在那一抹晚霞里，一条百万流量的爆款视频诞生了。

在那个场景之下，在写字楼的楼底下，背后人来人往给我营造了很好的氛围，勾起了我当时离开中央人民广播电台去创业的满满回忆。这时候讲故事，由于触景生情产生了饱满的情绪，我称这样的口播为"心流式口播"。其实过去我作为主持人的工作，就是经常帮别人激发表达欲，找到心流，找到做 IP 的状态。场景和情绪带来的心流感受非常重要，就算你的拍摄设备足够精良、拍摄练习的次数足够多，也不如一条表现此时此地、此情此景的心流式口播。

在这一小节，我们把表达的故事力又升级了一层，让你无论是在观众面前，还是在镜头面前都能找到故事的表达状态。在我给的方法里，我并没有过多告诉你故事线要如何设计，故事的讲述口吻是怎么样的，时间、地点、人物该怎么讲述，而是基于我的线下实战经验，告诉你当面对镜头时如何把故事倒出来，那可是把你的影响力放大千百倍的好东西。

核心技巧

1. 展示自己的逆袭;

2. 解决问题,套上故事;

3. 触景生情,让人感同身受。

直播语言：
保持观众热度的表达续航

> 影响力靠短视频，变现靠直播。

我曾经做过7年的电台直播主持人，现在想起来，直播节目真的让人压力好大。压力在于：你不能出错，即使出错了你也要现场想办法弥补，就好像"开着飞机修飞机"。不像拍电视节目，有的镜头不行的话可以再录一次，但是直播不能NG[①]。

说个小插曲，曾经为了保证我的直播节目万无一失，我几乎把市面上的感冒药、止泻药都试了个遍，以确保自己在偶尔生病的时候也能不掉链子、完成直播工作。那个时候，只有在电台或电视台工作的主持人叫作主播，而现在做农产品带货的、做知识付费的、做企业内训的，只要是在直播间的人，都是主

---

① NG 是 no good 的缩写，意思是不好，演员在电影或电视剧拍摄过程中出现失误的情况，因此就需要重拍。——编者注

播。"主播"这个词的内涵更加丰富、泛化。我曾经作为主播的经验也可以帮到在镜头前、在直播间里的你。如果你能做好以下4点,你就可以成为一名超过大多数人的主播了。

找到话题,实时互动

"直播节目的灵魂在于互动。"这句话不只是说说而已。我们可以思考一下,录制的短视频可以被反复观看、随时保存;而直播更关注当下主播和观众产生的一种联系,一种"看见"与"被看见"的关系。

每年秋季的苹果公司发布会直播,"果粉"发烧友的热烈讨论;电竞赛事直播,中国队伍的夺冠时刻,满屏弹幕的激动兴奋;4年一次的世界杯直播,也让无数的球迷一再刷屏……

直播让所有人都可以跨越时空的限制,亲历重要时刻,跟远在天边的另一个人、另一个场域产生联系。在直播里,能够形成联系的关键就在于互动。

互动,跟直播的两个重要目的息息相关。

(1)销售:建立实时互动,让观众有存在感,感觉到内容和产品与其个性相匹配,从而下单。

(2)传播:直播间有更多的在线人数、更大的流量,对互动数据要求也就更高。不停地用话题吸引观众停留、点赞、评论，就会获得平台智能分发的更多流量。

既然互动如此重要，那我们就要在如何互动上下功夫。我曾经做主持人时，研究过有关互动的方法。其实，引发互动很简单，就是设置一个话题，激发大众的自发讨论。

但是，话题有优有劣，这也是最考验自媒体从业者的地方。给你看两个话题。

"我们今天聊一聊关于创业、关于餐饮门店的事儿。"

"开小餐饮店，找亲戚合伙好吗？"

你肯定发现了，第一个话题太宽泛了，让观众不知道怎么参与，无法激发观众的表达欲望。这其实是主播变相地对观众提了一个高要求，让观众自己去拆解话题，限制了观众表达，那么直播的互动数据自然不够好。而第二个话题更具体可感，也容易让观众轻易地联系实际，做到有话说。

回到找话题本身，无非是两步。

第一步：准备、拆解话题。在直播开始之前，尽可能选出那些更具体的小话题，最好包装得有趣一点儿。

第二步：在评论区、弹幕区，抛出合适的、大家感兴趣的实时话题，引发更多讨论。有的时候观众感兴趣的真的是我们意想不到的。在我的主持职业生涯中，我记得互动率最高的一期节目话题是"未经允许，家长该不该看未成年孩子的聊天记录"。结果刚开始聊，就有观众"带节奏"说密码都让家长知道了。我当时灵机一动，当场抛出一个互动话题："你敢说出你家的 Wi-Fi（无线网络）密码吗？"结果短信互动在后台刷屏了。

有时候，好话题不需要策划，它存在于观众的好奇心中。

设置流程，话不落地

直播不像录播，你什么时候累了、倦了、冷场了，停下就好。直播少则两个小时，多则大半天，它要求镜头前的主播随时处于续航状态。语言表达的延续性成为令很多非专业人士头疼的问题。

如果是本来人气就特别高的直播间，这样的问题倒还好解决，不断地在评论区找新的话题进行回应和讨论就可以了。但是，如果是新手直播间，观众人数本就不多，评论不多，那该怎么续航呢？以我这个有着 7 年直播经验的老主播来看，你只要记住一句话：没人就走流程，有人就聊天。

聊天倒是不难，那到底该怎么走流程呢？用大白话来说就是，把事儿安排满，别闲着，哪怕只有你一个人。举一个例子，比如我要销售一款薯片，我们一起来设计一些有趣的流程。

（1）产品介绍，你可以直接咬一下，让大家听一听薯片酥脆的声音。

（2）有奖竞猜，邀请大家在评论区打出最受欢迎的口味。

（3）情感讨论，你最想和谁吃薯片，把名字写在评论区。

（4）避坑指南，哪一种薯片千万别买，带大家一起认识薯片的配料表。

（5）话题讨论，中国哪里的土豆最好吃。

（6）销售引导，猜出今天直播间的优惠力度。

（7）买到的朋友打出"买到"，我们安排快递升级。

……

你可以根据自己要直播销售的产品，以此类推，设计一套流程。在直播中，有流程在手，就不怕冷场。

不怕犯错，将错就错

即使很多演员、歌手、相声艺术家的表演已经无懈可击，他们也总会思考哪个细节没有发挥好，怎样才能做得更好。其他人也是如此，总是希望下一次会更好，总在想：当时如果我那么说，应该会更好。

直播，就是遗憾的艺术。如何享受直播？我们要有一种心态：在直播中，我们要将错就错，而不是害怕犯错。

我自己曾经做直播节目时，说错过多少次话，其实已经数不清了。这不是专业能力有问题，而是错误本身就是一个概率事件，我们每个人都逃不开。我清晰地记得，我进入中央人民广播电台后的第一次直播时的第一句话我就说错了。那是2010年的南非世界杯，我作为刚上岗的新人，也许是心情太过激动，当两位前辈介绍完我，我准备接话茬儿的时候，我说："大家好，我是王……王小宁。"开局就是"滑铁卢"。

在后来很多次课上我都会提起这个故事，我经常用这个故事来鼓励学员："开局不利，必成大器。"不是有那么一句话吗？悲观者正确，乐观者成功。如果你陷在自己的错误里丧失动力，那么你一定没有办法获得结果。最好的做法是，在直播中，当你每次说错的时候，你一定要有趣地立刻找补回来。

回到刚刚那个故事，如果让我再来一次的话，在我的第一场直播的第一句话打招呼失败后，那么我的第二句话一定会说："作为一个主持人，第一句话就打磕绊是为了留下一个深刻的印象，让大家更好地记住我……希望与你成为朋友。"

不惧时长，循环往复

在这一个小节的最后，我想给你吃一颗定心丸。很多人害怕直播，最重要的原因是时间太长，觉得自己没有那么多的内容和经历来应对长达几个小时的表达。其实，是你把这件事想复杂了。还记得我们在"应对采访"这一小节里提到的钟型采访模型吗？其实在直播里也同样适用。用我们设计好的流程，填满 15 分钟、10 分钟甚至 5 分钟的模块，然后在几个小时的直播里不断循环。机动地变化、调整你在每一个模块的具体表达。

可能有人就会问了，为什么内容是以 15 分钟或者 5 分钟为一个模块，一轮又一轮地循环着？在信息大爆炸的现在，人们的注意力在流失，如果你要把所有的内容分散在 2~3 个小时里，那么你的观众很容易就会失去耐心而离开。而当我们把内容切分成更小的单元时，15 分钟也好，5 分钟也好，它会更有利于我们在有限的时间内抓取注意力，引导观众、建立信任、产生互动，最后达成两个目的——圈粉或者完成交易。还有，在直播间里，不是所有人都可以从第一分钟待到最后一分钟，很多人看直播只会停留一小段时间，那我们切分时间模块、不断循环就会让每一位来到直播间的粉丝、观众，都可以有效地接收到一个信息闭环。

在 2022 年，我陆陆续续陪跑了几位创始人 IP，其中不乏一些细分赛道的头部，比如拥有 200 万粉丝的"莉姐生活家"创始人莉姐。从北京到杭州，我们一度拿下抖音家居带货榜的第一名。我想告诉你一个真相：影响力靠短视频，变现靠直播。

就拿莉姐来说，在她拥有 100 万的粉丝后，她的影响力不断增强；但是当她自己在北京开展直播的时候，她发现变现效率很低。后来，她听从我的建议，来到电商之都杭州发展，匹配到了优质的团队资源，搭建了优秀的直播带货团队。经过一段时间的努力，她的粉丝又增长了100万，直播单场GMV（商品成交总额）可以达到50万元以上，现在正在企划后续更大的计划，期待用自己的力量带领收纳整理行业向标准化方向演进。

从演讲表达，到商业IP，再到流量变现，在"打造商业影响力"这条路上，我希望近些年自己在线下演讲辅导、镜头表现力教学、百万级IP孵化的定位策划和操盘流量变现项目中积累的经验能帮你实现更大的目标。

核心技巧

1. 找到话题，实时互动；
2. 设置流程，话不落地；
3. 不怕犯错，将错就错；
4. 不惧时长，循环往复。

后 记

在这本书写完的最后一刻,我正好因为项目来到了厦门。我坐在鼓浪屿对面的餐厅,游船在海湾里来来去去,看着自己的这本书稿,有恍如隔世之感。此刻我好像把自己人生中重要的 18 年又用文字重现了一遍。

2004 年,我拖着行李箱从广东去北京求学。2008 年,我放弃了当时在江苏卫视光鲜亮丽的工作,又一次回到北京。还记得那一年正好是北京奥运会,整个城市的人们脸上都洋溢着兴奋和期待的神情,就好像当年的我一样。后来,我过五关斩六将考进中央人民广播电台,开始了我 7 年的工作生涯。直到 2015 年,变化开始发生,我开始接触创业者,被他们"推着"做融资路演咨询,就此开启了一个新的世界。2017 年底,我选择从中央人民广播电台辞职，试着出来创业，这样才让我有机会通过这本书与你相见。2021年，我结束了17年的"北漂"生活，从北京来到了杭州，从那座见证我求学、工作、创业的城市离开，踏上新的征程。

回过头来看，好像每一步的选择，我都选对了。如果当年我没有去北京求学，我应该也会听从家长的建议，去一所金融学校，毕业了进银行，拥有一份稳定的工作；如果当年我留在地方电视台或者中央人民广播电台，我可能还在慢慢等待着获得金话筒奖的机会，渐渐在格子间里和两点一线间"稳定"下来；如果当年我选择到火爆的互联网大厂求职，那么现在我可能正在焦虑自己的35岁离职危机吧；如果我没有勇气离开北京，来到人生地不熟的杭州，那么我可能会错过一个时代的增长红利。

还好，我很庆幸，没有如果。我一次又一次地穿越了自己的小周期，获得增长。有一句话是："增长，就是持续做出正确的选择。"为什么面对每一次的选择，我都能选出那个更好的答案呢？我试着这样问自己。我想，应该是我在做选择的时候坚持了以下这几点。

长期主义，至少拿眼前 20% 的利益换将来

长期主义这个词应该被很多人提起过，但我觉得的确值得再跟你多聊聊。当每一次选择都纠结、犹豫的时候，我就选那个更有长期价值的答案。即使那个答案当时看上去并不讨喜，也没有 100% 的确定性，但是我总是感性地给自己留出 20% 的未知和可能性，最后都收获了不错的结果。

每次做选择的时候，那个"过去吃苦的自己"都在给我撑腰，让我有信心选更长久的"牌"。选择放弃江苏卫视回北京再找工作，是因为我在大学时在节目组把业务练得特别有底气。选择自己创业，是因为我在中关村咖啡店里帮过好多创业者梳理项目、拿到融资。

破局、破圈，去风口里交朋友

我永远选择跟这个时代发展得最快的圈子站在一起。无论是去北京求学、求职，2015 年开始做融资路演咨询，还是 2021 年来到杭州，不断地让自己破局、破圈，让自己身处最新的信息环境中，站在趋势之上，成为实实在在的一线参与者，和当前思想先进的人站在一起。在我看来，这是最快、最确定的让自己成长的方法。

及时清零，忘掉自己过往的成绩

是不是没有伞的孩子会不停奔跑？过去的我好像已经习惯了刚拿到一点儿成绩就会看下一步。内心缺乏安全感？危机意识很强？我想，没有人可以躺在过去的功劳簿上睡大觉。与其留恋过去的成功，我反而更愿意"阶段性清零"。与其担心被同行干掉，不如干掉过去的自己，使"成长飞轮"持续转动。

"解决更有价值的问题。"就是你的成长飞轮。

回看我这一路的经历，商业演讲辅导、融资路演、个人品牌打造、创始人IP打造、流量变现……我和我的团队创造的商业价值在不断提高，我的成长也给我带来了更高的回报和更多的正面反馈，这是独属于创业者的确幸。

到了这本书的最后，我再教给你一个我常常偷偷使用并获得小成绩的秘诀：你要不断地脑补自己的成功。我一直都是这么做的。在结果还不确定的时候，我见到朋友一定会拉着他描绘发展蓝图，早起刷牙也对着镜子自圆其说，晚上躺下自己脑海里也会过一遍各种细节并在心中反复权衡。我的这本书，就是在讲"表达红利"，所以你要学会将自己心中的想法、对卓越的渴望都向这个世界表达出来。相信我，你会得到意想不到的奖励。